Jean Paulhan

La peinture cubiste

Texte établi et présenté
par Jean-Claude Zylberstein

Denoël

Jean Paulhan est né en 1884, à Nîmes. Son père était le philosophe Frédéric Paulhan. Après des études en Sorbonne pendant lesquelles il fréquente les milieux russes et anarchistes de la capitale, Jean Paulhan part pour Madagascar où il est professeur, puis colon et chercheur d'or. Il écrit *Aytré qui perd l'habitude*. En 1912, il revient à Paris et enseigne le malgache aux Langues Orientales. Il s'engage en 1914. Sergent au 9e Zouaves, il est blessé le 25 décembre au bois Saint-Mard. Convalescent, puis guetteur d'avions, il met au propre les deux récits : *Progrès en amour assez lents* et *Le guerrier appliqué*.

En 1921, Jean Paulhan est appelé par Jacques Rivière au secrétariat général de la Nouvelle Revue Française, dont il deviendra directeur après la mort de Rivière en 1925. De son bureau de la revue, il exercera sur les lettres françaises une influence considérable. Pendant ce temps, il publie peu. Il travaillera de longues années à son livre majeur, *Les Fleurs de Tarbes*.

Pendant la guerre, il est un des premiers à faire de la Résistance. Avec Jacques Decour, il fonde *Les Lettres françaises* en 1941. Il est arrêté par la Gestapo, puis relâché.

Il est élu à l'Académie française en 1963 et il meurt en 1968. Malgré ses livres et son influence sur le monde des lettres et des arts, Jean Paulhan reste une figure quelque peu mystérieuse. Il faudra sans doute, pour mieux le connaître, attendre la publication de ses lettres, qui promettent d'être une des grandes correspondances de la littérature française.

PRÉFACE

Lire Paulhan

A l'occasion d'un colloque consacré à « Jean Paulhan, le souterrain » en 1973 à Cerisy, j'ai pu donner quelques exemples d'un procédé singulier qui, dans l'œuvre de Paulhan, avait capté mon attention au cours des années où j'avais établi la bibliographie de ses écrits[1].

Intitulé « Paulhan Récrivain », mon petit exposé visait simplement à illustrer la façon dont l'auteur des *Fleurs de Tarbes* a, pour l'élaboration de ses principales œuvres, systématiquement publié des états successifs de textes qui, non moins systématiquement, réutilisaient parfois par fragments, parfois par pans entiers, les états antérieurs de ces mêmes textes :

> « C'est un bien étrange travail que fait Paulhan quand il donne à ces deux livres leur définitive composition. Usant d'une comparaison grossière, je dirai

1. Pour l'édition de ses *Œuvres complètes* au Cercle du Livre Précieux (1966-1970).

qu'après avoir construit sept ou huit bicoques, il les met à bas puis, avec une virtuosité et une ingéniosité extraordinaires, construit à l'aide de ce seul matériau une nouvelle maison où l'on ne s'étonne pas, alors, de retrouver les murs de la chambre de la première bicoque, servant de plafond à la cuisine de la nouvelle maison. Ici il coupe, là il recolle, ailleurs encore il ligature, oui c'est d'une *opération* qu'il s'agit. Braque ou Fautrier ne font rien d'autre quand ils peignent[1]. »

Ainsi ai-je pu parfois rêver d'une édition multicolore des *Fleurs de Tarbes* ou, précisément, de cette *Peinture cubiste*. Multicolore afin que d'un seul coup d'œil le lecteur puisse attribuer ce qui, dans la page du dernier état, appartient à la première version (en rouge), à la seconde (en vert) etc. jusqu'à parfois épuiser les couleurs de l'arc-en-ciel.

Une telle édition multicolore des textes de Jean Paulhan demeurant improbable, il est fort à craindre que, défi à l'analyse, désespoir du lecteur, l'œuvre de cet auteur ne soit jamais tout à fait comprise.

La discussion qui suivit la lecture de mon exposé à Cerisy fut riche et animée, aucun des intervenants n'emportant pour finir l'adhésion des autres. On aura compris, en d'autres termes, que de mon exposé, pas plus que de ceux qui l'avaient précédé ou le suivirent, ne jaillit la lumière qui aurait au plus grand nombre rendu l'œuvre de Paulhan enfin transparente.

1. Cf. *Jean Paulhan, le Souterrain*, Colloque de Cerisy (1973), Union Générale d'Éditions, Paris, 1976, p. 390.

Qu'on me permette une anecdote. Comme je redoutais que la compréhension de l'œuvre de Jean Paulhan ne soit dès lors le privilège de quelques-uns, Roland Barthes, au début de cette même année 1973, m'écrivait : « il est toujours difficile d'" expliquer " une négativité. Je pense que la réponse serait dans l'œuvre même de Paulhan, mais je m'aperçois que je la connais mal, agent[1] moi aussi de ce " refoulement " auquel vous faites allusion. »

Il n'est pas indifférent que ce soit l'étude d'un peintre, André Pierre Arnal, qui, dans la conclusion d'un travail universitaire, ait le mieux dit (« sur un mode scolaire et anonyme ») combien l'œuvre de Paulhan n'est pas une œuvre de conclusions ni d'affirmations, mais *d'initiations*.

« On ne voit pas la pensée de Paulhan, on la voit rayonner », rappelait Arnal, après Joë Bousquet.

S'agissant d'un rayonnement, ma métaphore aux petites maisons refondues en un grand édifice pouvait apparaître comme une voie d'accès parmi d'autres. Elle le devint.

Aujourd'hui encore, lorsque je m'interroge (trop rarement) sur les raisons profondes du procédé que j'ai dit, deux phrases de Paulhan, récurrentes dans son œuvre, me reviennent à l'esprit et me réconfortent : « Garde-toi d'ajouter une vue de plus à celles qui courent déjà le monde. » Et : « Qu'est-ce que l'inspi-

1. Ce qui m'apparut comme un lapsus (*agent* au lieu d'*objet*) par ailleurs bien révélateur.

ration ? C'est de n'avoir qu'une chose à dire qu'on ne se lasse jamais de répéter. »

Que Paulhan ait conçu un grand dessein, voilà sur quoi chacun s'accorde. Que ce dessein fut de connaître la *vérité*, voilà encore sur quoi peu me contrediront.

Qu'il ait, enfin, sondé successivement le mystère de la littérature et l'énigme de la peinture pour échafauder cette *grammaire des idées* dont après Locke et de Cuse il a cherché à trouver le fonctionnement, voilà, je pense, qui ne trahit pas trop sa démarche, même si c'est bien succinctement la résumer. Mais il y a plus.

Il reste que Paulhan, aujourd'hui, fait lui-même encore figure d'énigme dans le panorama de la littérature française du xxe siècle, à l'analyse duquel chacun désormais peut se livrer. Le personnage déconcertant disparu, le mystère de son œuvre subsiste.

Dira-t-on que c'est en raison de l'objet même de son étude ? On sait avouer aujourd'hui que nous n'avons guère, en France, la tête métaphysique.

J'en reviens donc à ma métaphore puisqu'à défaut d'approcher bien *cela* qui lui a fait emprunter des voies parfois souterraines pour approcher la vérité (et je me désole encore de n'avoir pas su avant sa mort mieux formuler mes questions), du moins possédons-nous le comment de sa démarche, c'est-à-dire les matériaux de cet inlassable *work in progress* auquel en définitive renvoient les deux œuvres si longtemps en gestation et quasiment restées en état d'inachèvement, *Les Fleurs de Tarbes*[1] et *Peinture cubiste*.

La genèse de « La Peinture cubiste » dont l'élaboration s'échelonne sur une quinzaine d'années, n'offrait pas moins d'intérêt lorsque je m'évertuai à la reconstituer pour les besoins des *Œuvres complètes*.

C'est dans l'intimité de Braque au début de la guerre de 1940 que Paulhan, alors libéré malgré lui du poids de la NRF[2], entrevoit dans « l'espace sensible au cœur » des peintres modernes une nouvelle illustration du mystère qu'il a décelé dans les lettres et qui se refuse à la mise en forme démonstrative recherchée dans le second tome des *Fleurs* et trop brièvement esquissée en 1936[3].

Qu'est-ce à dire ? Que la littérature, comme la peinture moderne, ont quelque chose à nous apprendre, à nous révéler. Paulhan, qui est passé par là, sait pour

1. J'ai brièvement rappelé les étapes de la construction des *Fleurs de Tarbes* en introduction au « Dossier » qui figurait dans l'édition de ce texte paru dans la collection Idées en 1973. Je me permets de renvoyer le lecteur curieux à la nouvelle édition de ce texte de Jean Paulhan, à paraître en octobre 1990 dans la collection Folio-Essais.

2. Drieu la Rochelle a remplacé Jean Paulhan comme rédacteur en chef de la Nouvelle Revue Française, ce remplacement étant une condition de la reparution de la revue mise par l'occupant allemand à la reparution.

3. Dans le dernier chapitre de la version parue cette année-là dans la N.R.F. : « Changer la Raison » (cf. à ce sujet la lettre de Jean Paulhan à Georges Perros du 8 avril 1960, in *Correspondance Jean Paulhan-Georges Perros*, Éditions Calligrammes, Quimper, 1982).

sa part que cette révélation (d'une vérité « bonheur-au-monde ») ne s'appréhende que de biais.

Sa chimère aura consisté à croire qu'il sera capable de *démont(r)er* le phénomène qu'il n'a lui-même connu que par illumination.

A la littérature, il a d'abord espéré arracher, comme un chercheur d'or, les données immédiates de l'expression (« la littérature, c'est du langage grossi »), chassant ainsi la mésentente hors du monde. De la nouvelle peinture, il a voulu montrer qu'elle nous donne la véritable image du réel, de ce réel que nous avons cessé de voir à l'endroit.

En quoi Paulhan se rattache à un courant de pensée tantôt nommé utopiste, tantôt traditionaliste, mais toujours empreint, consciemment ou non, de mysticisme.

Le premier écrit consacré à Braque par Paulhan fut publié en octobre 1942 dans *Comoedia*. Deux ans plus tard, il revient à son sujet en publiant dans *Les Cahiers d'Art*, « Braque ou le sens caché ». Une partie de ce texte vient se fondre dans « Braque le Patron » publié en volume dans un premier état en 1946 aux Trois Collines (l'édition définitive paraîtra en 1952 chez Gallimard), une autre est reprise dès la même année dans *Fontaine* (n° 35) sous le titre « La Peinture moderne ou le Secret mal gardé ».

Ce *secret*, Paulhan le remet sur son métier en 1948 où il publie dans *La Table ronde* (n° 2) l'article « La Peinture moderne ou l'Espace sensible au cœur ». En 1953, c'est un texte remanié et substantiellement augmenté qui est publié dans *La Nouvelle NRF* (n°s 4 et 5).

Mais Paulhan ne s'arrête pas à cette version : entre 1954 et 1956, il en reprend chaque chapitre et le développe.

Il est persuadé qu'en menant à leur terme ses recherches sur la peinture, il tiendra du même coup la réponse aux questions qu'il s'est posées en tentant de venir à bout du second tome des *Fleurs de Tarbes*. C'est qu'en cherchant à *démontrer* la parenté de l'art moderne avec la recherche fondamentale de l'esprit, il espère toujours trouver le passage qui mène à une totale appréhension du monde et donc à la vérité. Son ardeur à la tâche va prendre un aspect quasi oppressant, voire dramatique.

Un début de composition arrive en épreuves pour une édition au format de *Braque le Patron*. Plusieurs versions successives du début du chapitre VIII tantôt intitulé « Le Secret de la Licorne », tantôt « La Tâche aveugle » sont entreprises, corrigées, reprises encore puis définitivement abandonnées. La masse des brouillons inachevés a de quoi effrayer. Jamais sans doute son désespoir d'écrivain ne fut plus grand.

Découvrant ces minces cahiers dans la bibliothèque de la rue des Arènes à la fin des années soixante, j'apportai mon butin au Cercle du Livre Précieux où s'élaboraient les cinq gros volumes d'œuvres de Paulhan. Il nous sembla alors qu'il ne convenait pas d'abandonner la partie achevée de cette version plus étoffée de la *Peinture cubiste* où l'on retrouve au demeurant l'intégralité du texte publié en 1953, mais tout au contraire de la reprendre en l'accompagnant du chapitre 8 de la présente édition et de la conclusion de la version de 1953.

S'il est impossible de dater avec une précision totale l'élaboration de cette nouvelle version, il est toutefois certain que Paulhan, avant de l'avoir tout à fait abandonnée, entreprit la rédaction de deux textes « Les Douleurs imaginaires » et « Le Clair et l'Obscur » respectivement publiés en 1955 et 1958 dans la Nouvelle N.R.F. Il croit alors que la mise au point de ces textes va lui permettre de conclure sa *Peinture cubiste* et du même coup le second tome des *Fleurs.*

Faute de démonstration, Paulhan va se contenter dans ces deux textes de nous *montrer* seulement par où il est passé, ce qui lui est arrivé, lorsqu'il a entrevu la vérité. Aussi bien a-t-il donné aux relations de ses « expériences-choc » la forme de *récits.*

Paulhan a cru tenir la clef du monde et la vie enfin changée. (Et c'est bien le sentiment qu'il a donné à certains de ses lecteurs.) Mais son « Don des Langues » (ou « La Conscience en plein Jour ») remis en 1967 à l'éditeur de ses *Œuvres complètes* est comme l'aveu de son échec théorique : il a tout essayé pour démonter le mécanisme grâce auquel, à notre tour, nous aurions eu raison changée. Face à l'impossible, il reviendra à ses chers mystiques déjà interrogés au début des années trente en compagnie d'Artaud, Daumal et Rolland de Reneville[1].

1. Cf. Lettres 194 et 201 in *La Littérature est une fête*, choix de lettres, tome 1, Gallimard, Paris, 1986.

Parallèlement, Paulhan devait donner à la revue *Profils*, dirigée par Aimé Patri et publiée sous les auspices de la Fondation Ford, deux textes comme échappés de la *Peinture cubiste* : « L'Artiste moderne et son Public » à l'automne 1954 et « Peinture sacrée » au printemps 1956. On peut sûrement voir dans ce dernier texte une ébauche de ce que Paulhan appelait la « terrible conclusion » de sa « Peinture moderne »[1] (comme aussi bien du « Don des Langues ») : la métaphysique y fait déjà jour franchement.

L'occasion de cette nouvelle édition nous permet aujourd'hui de reproduire ces deux textes[2] en annexe qui, mieux qu'un long commentaire, éclairent cette *Peinture cubiste*.

En sa forme inachevée, la réflexion de Paulhan reste la plus formidable machine à questions que j'aie jamais rencontrée.

D'aucuns aiment à dire qu'il existe beaucoup de réponses qui n'ont pas encore trouvé leurs questions.

Lisons Paulhan.

Jean-Claude Zylberstein

1. Ainsi appelait-il quelquefois sa *Peinture cubiste*.

2. Ces deux textes ont reparu en plaquettes aux Éditions de l'Échoppe (tirage limité, Caen, 1989) : « L'Artiste moderne et son public » est précédé de l'étude de Robert Motherwell, à laquelle Paulhan faisait écho.

La peinture cubiste

JE NE SAIS QUEL MAUVAIS PLAISANT...

Je ne sais quel plaisant a eu le malheur de dire un jour que les tableaux n'arrêtaient pas d'entendre des sottises. Voilà qui n'est pas tombé dans l'oreille d'un sourd. Les critiques d'art, depuis ce temps, se montrent atteints d'une modestie indécente. Ils menacent parfois de se taire. Quand les peintres leur disent : « Mais vous ne comprenez rien à la peinture ! » ils ne répondent pas — comme il serait peut-être sage, comme il serait en tout cas naturel : « Et vous, qu'est-ce que vous comprenez à la critique d'art ? » Il leur arrive même de soutenir qu'une toile ou une statue, c'est comme un chant d'oiseau, une nuit, une fleur, ça se sent mais ça ne s'explique pas ; que les théories sont trop faciles, que la critique n'a jamais rien prouvé, et que s'ils en font eux-mêmes (de la critique) c'est par simple faiblesse, pour gagner leur petite vie.

Oui, c'est là ce qu'ils disent, et, bien entendu, s'ils le pensaient, ce serait de loin la pire sottise qu'ait jamais entendue la peintre. De quoi parlerait-on, de quoi diable aurait-on mérite à parler, sinon des tableaux ? Un roman, un essai, un poème tendent toujours la perche au critique : c'est rare que le créateur (comme il dit) ne s'y montre pas dans un coin, avec ses bonnes intentions. Il n'y a plus qu'à le suivre — ou à le contrarier. Mais un tableau ! Et particulièrement un tableau qui ne ressemble à rien, comme il arrive de nos jours. Un simple petit rectangle de toile avec des couleurs dessus — et qui nous fait tant d'émotion, qui nous donne un tel sentiment de délivrance ! Nous savons très bien nous plaindre qu'un mauvais tableau ne nous dit pas grand-chose. Mais quand il est bon, qu'est-ce qu'il nous dit ? Tout est ici à inventer, tout est à comprendre, tout appelle à grands cris le commentaire et la réflexion. Non, les critiques n'ont sûrement pas voulu dire ce qu'ils disent. Et d'ailleurs, quand un écrivain se montre un peu trop modeste, il faut toujours se méfier.

Mais alors, qu'est-ce qu'ils pensent en réalité, qu'est-ce qu'ils veulent nous faire entendre ?

I

D'UN MONDE EN LAMBEAUX

Il s'agit peut-être, sous le nom de peinture, de plus d'un art différent.

BERENSON.

Simplement ceci, peut-être : c'est que la critique est en grand danger de parler de tout et de n'importe quoi à propos de peinture — à propos de la peinture moderne en particulier. Je n'y vois qu'un remède : c'est — le point de départ une fois bien fixé — d'approcher de tous côtés l'événement qui nous embarrasse, d'en marquer avec soin les traits, de noter au passage la moindre gêne ou déviation de notre démarche, de rechercher si cette déviation ne serait pas elle-même une part de l'événement — en tout cas, son effet régulier —, bref, de nous poser à ce propos des questions si diverses et si précises (en les numérotant au besoin) qu'elles ne tolèrent à la fin qu'une seule réponse. De jouer cartes sur table. (Et précisément les cartes ont tenu leur rôle dans l'affaire.) Sans doute, on risque de se donner ainsi un petit air scolaire ou pédant. Mais tant pis pour l'air pédant. Je commence.

Voici donc ce que je tiendrai pour admis (avec tout le monde) : c'est qu'un nouvel état — si l'on aime mieux, un âge moderne — de la peinture s'ébauche avec Constable, Turner ou Goya, tâtonne avec Daumier, Manet, Seurat, brûle (comme disent les enfants) avec Gauguin, Van Gogh et Cézanne.

Il se passe de temps en temps de ces appels d'air, de ces grandes rentrées des classes. Et ce n'est pas nécessairement agréable non plus, ce n'est pas de tout repos de vivre aux époques où des gens aussi dérangeants que Copernic, Einstein ou Rimbaud font leurs découvertes. Ce sont des découvertes qui remettent toute la vie en question, et toute la pensée du même coup. Il faut en prendre son parti, même si d'abord on n'y comprend pas grand-chose. Et le simple amateur, l'homme de la rue peut bien trouver bizarre ces jeunes gens qui se lèvent de la terre d'Islande ou de l'Argentine, quitte à laisser mourir tout seuls leurs vieux parents, pour courir recevoir à Rome l'enseignement du Caravage, ou bien à Paris les leçons des cubistes. Il les trouve bizarres, il ne se gêne pas pour le dire, et pourtant il sait au fond que c'est de lui-même qu'il s'agit, que c'est pour son bien — même s'ils entendent ce bien un peu de travers — que ces braves garçons, piqués d'on ne sait quelle mouche sacrée, discutent peinture jusqu'à des six heures du matin au risque de réveiller les voisins. Il le sait vaguement, même si c'est lui qu'on empêche de dormir.

Ici je vois bien qu'il se trouve d'audacieux anarchistes (comme M. Bernard Berenson ou Mme Madeleine Rousseau) pour nier l'existence d'une École Moderne. C'est encore une chance qu'ils n'aillent pas jusqu'à nier l'existence de la peinture. Peut-être même m'accorderont-ils qu'il y a un léger écart de technique — disons, s'ils le préfèrent, d'école — entre l'art roman et l'art gothique, entre les graffiti des cavernes et les fresques de Giotto, entre les toiles de Poussin et celles de Picasso. Eh ! c'est tout ce que je leur demande. Ajoutez qu'il y a, de l'une à l'autre, moins évolution que rupture, et que l'art, sinon la nature, avance par sauts. Que Giotto dirait probablement devant Cézanne, et Watteau devant Miró : « Je n'avais pas prévu ça », et même : « Ce n'est pas là ce que j'avais voulu. » Ou encore (comme faisait Degas devant les cubistes) : « Ce n'est plus des tableaux. » Et s'ils ne sont pas là pour le dire, leurs disciples le disent avec beaucoup de conviction. D'ailleurs, il nous arrive dans l'histoire de prendre sur le fait des mutations analogues : et le petit appareil à perspective de Brunelleschi, la vitre quadrillée de Dürer, aux temps de la Renaissance, sont venus transformer pour quelques siècles l'art de peindre. Mais alors ? C'est le mot de *moderne* qui les gêne ? Là je crois qu'ils ont tort et que nous avons parfaitement le droit d'appeler *moderne* la peinture moderne. Voici pourquoi :

C'est que les hommes, de nos jours, se posent dans l'histoire avec une grande autorité. On se moque de l'auteur dramatique qui faisait dire à Roland : « Nous autres, chevaliers du Moyen Age... » Et l'on a raison de se moquer, car les chevaliers du Moyen Age, d'après tout ce que nous avons appris sur leur compte, ne savaient guère qu'ils étaient du Moyen Age. Ils auraient jugé indécent de trop bien le savoir. En tout cas, ils ne se seraient pas permis de le dire, ni de mêler le temps à l'opinion qu'ils avaient d'eux-mêmes — pas plus qu'ils ne faisaient entrer l'espace dans leurs tableaux. En général, temps et espace leur semblaient choses plutôt négligeables. On convenait de n'y pas faire attention. Dieu, évidemment, en avait tiré parti — il lui fallait bien, de façon ou d'autre, animer la matière. Mais ce n'était guère que pour rappeler à l'homme son caractère périssable ; au fond, pour l'humilier. C'est de quoi l'homme se défendait en y pensant le moins possible.

Au contraire, le héros de notre temps est tout prêt à dire : « Nous autres, Modernes... » ; et, s'il ne le dit pas, il le pense. C'est qu'il a formé de toutes pièces et ensuite appris par cœur cette science singulière, l'histoire, que plus d'un peuple avait dédaignée. Même il juge volontiers des événements et des hommes suivant la place qu'ils y tiennent. Nous n'apprécions pas directement, sur l'impression qu'ils nous font, un vitrail, un tableau, un monument, ni même un homme célèbre. Nous ne sommes pas en rapports simplement humains avec eux. Nous ne disons pas (comme faisait l'homme du Moyen Age) : « Ça me fait de la peine, c'est horrible... » ou : « C'est merveilleux, ça me fait plaisir » et le reste. Non. Nous commençons par observer : « C'est du gothique..., c'est du roman..., ça s'est fait dans des temps anciens... » Parfois même l'espace s'en mêle : « Voilà qui vient des Nouvelles-Hébrides... Tiens, du précolombien... » Ensuite se montrent (timidement) les jugements esthétiques. Mais c'est d'abord l'histoire et la géographie qui font loi. Et il serait peu — pour en revenir à notre sujet — que l'artiste contemporain fût moderne. Il se figure encore qu'il est moderne, et qu'il faut le prendre comme tel. Il s'agit avec lui d'une modernité en quelque sorte redoublée : insistante, à la seconde puissance. Ce n'est pas là un trait si négligeable. Mais enfin si le mot de *moderne* vous embarrasse, disons à la place *cubiste*. Puisque enfin c'est avec les cubistes que notre peinture, après tant de tâtonnements, fait *la* découverte qu'elle cherchait depuis cent ans.

Toute découverte a deux faces (comme une toile a deux dimensions). Il me semble exact de dire que celle qui nous occupe tient de Braque sa face d'invention proprement dite et de création technique ; de Picasso, sa face de rupture et tout à la fois son raccord à plus d'une ancienne tradition. Là-dessus, on peut longuement discuter. Non sur le fait que la découverte est là ; qu'elle nous est donnée une fois pour toutes dès les premières années du siècle — et la peinture abstraite elle-même ou l'informelle commence le jour où Braque et Picasso appellent *portraits* des tableaux où personne de sensé ne saurait distinguer un nez, des yeux ou une bouche. En sorte qu'il ne reste à Malevich et à Mondrian, à Rouault, à Klee, à Miró et à Chagall — comme il ne restera plus tard aux naïfs, aux surréalistes, et aux abstraits — qu'à l'appliquer et en tirer librement parti. Quelle découverte ? Si je ne cherche qu'à la décrire tout naïvement, je commence par me buter à des refus.

Il est d'abord évident que la peinture se néglige, et renonce à ce fini qui faisait (dit Cézanne) l'« admiration des imbéciles ». Elle donne fortement l'impression que l'artiste brise avec les longueurs et les retours, la longue patience, la copie des maîtres — et ne forme enfin d'autre souci que de créer avant terme. C'est un jour l'illusion de la matière [1] qui s'en va, avec Cézanne ; et un autre jour l'illusion du volume, dès Gauguin et Matisse ; la correction anatomique, avec Goya ou Van Gogh ; le dessin du détail, avec Daumier ; la perspective linéaire et le point de fuite avec Braque ; les valeurs et les tons,

1. On dirait peut-être plus exactement l'« *illusion des matières* » : le rocher, la pomme, les personnages sont *également* brossés dans l'école moderne à larges traits, en pleine pâte, comme s'ils ne faisaient qu'une seule matière.

dès Decamps ; la perspective colorée avec Matisse ; le clair-obscur et la tonalité dominante, avec Turner et Monet ; l'ordonnance et la composition, la soumission du détail à l'ensemble, dès Degas ; la couleur locale [1], dès Delacroix ; la profondeur, dès Gauguin ; l'idéal, les conceptions de l'âme, dès Courbet ; l'imitation de la nature, l'objet lui-même enfin avec Klee et Kandinsky. Tant d'avantages, si durement acquis ! si jalousement protégés, si méticuleusement portés à leur point de perfection et qui l'un après l'autre s'évanouissent. Les peintres modernes commencent par le refus de tout ce qui jusque-là faisait peinture. Même ils se partagent fort bien la besogne. Il semble qu'ils soient tous de mèche. Ce refus chez eux est comme une fonction : ils en possèdent toutes les ressources, et l'on dirait qu'ils ont successivement porté leur attention sur les divers traits de la vieille peinture pour les rejeter ou les tourner en dérision. L'art désormais ne redoute rien tant que de sembler parfait. Il évite même d'être complet, et se contente très bien d'une ébauche, d'une allusion, d'une curieuse rencontre de lignes ou de couleurs, qui ne cherche pas toujours à devenir plausible. Cette

1. La couleur locale, comme on sait, est la couleur d'un objet placé sous une lumière blanche. La perspective colorée consiste à l'ordinaire à porter les couleurs chaudes sur les premiers plans du tableau, les couleurs froides sur les lointains ; la perspective aérienne à peindre des fonds plus lumineux, moins soigneusement dessinés que les premiers plans

tache de pourpre pourrait faire un très beau manteau. Non. Qu'elle reste tache de pourpre ! Cet œil a égaré son front. « Et qu'est-ce que ça représente ? » demande l'amateur. Déjà Théophile Gautier, devant l'*Olympia,* se tâte avec une sorte d'effroi : il se demande s'il a toujours la tête et les mains à leur place. L'univers entier se disloque, comme s'il avait perdu son maître de cérémonies, et notre monde s'effondre, on n'y croit plus — au profit de quel autre monde, ah ! l'on n'en sait rien. C'est un monde en tout cas misérable et lézardé. On reconnaît une table, une pipe, une mandoline. On les reconnaît sans en être tout à fait sûr. Car la table pourrait aussi bien être un terrain vague, la pipe un revolver, la mandoline, une outre. Cependant il se produit aussitôt dans un coin de la table (ou du terrain vague) une fente d'abord imperceptible mais qui rampe, monte, s'aggrave. La mandoline se désagrège, la carafe familière souffre d'un abîme inattendu, la table fuit en petits morceaux. On ne se retient pas de songer à ces témoignages des mystiques, qui savent se priver successivement de la gloire, de la richesse et des belles apparences, plus loin des sensations flatteuses, des sentiments avantageux et de l'esprit même, toujours prêt à céder à l'avantage, à succomber aux flatteries. Chose étrange dans notre univers si bien clos où tout se tient et s'enchaîne, que ces toiles qui portent en elles un écart, dans leur sens on ne sait quel intervalle, dans leur opacité on ne sait quel courant d'air, dans leur forme même on ne sait quel début de métamorphose. Est-ce qu'un tel monde est déjà en décomposition ? Est-ce qu'il n'a pas encore commencé ? Est-ce qu'il a simplement été heurté dans sa course par quelque autre monde ? Peu importe. Il semble qu'un élément extérieur se soit venu mettre à la traverse, que les peintres auraient, comme malgré eux, fixé, plutôt qu'ils ne l'ont connu.

On songe encore à des musiciens qui accordent, avant le concert, leurs instruments ; ou, plus tard, à la corde d'un violon qui casse, au moment de rentrer dans l'étui, et fait un bruit bizarre, un bruit de guignol ou d'automate. Il fait dire, à première vue : « Ce n'était pas la peine de changer. » Or c'est ce caractère d'énigme qui va dans la suite, à mesure qu'évolue la peinture moderne, aller en s'accentuant (comme s'il en faisait la raison même). Les surréalistes projettent hors d'elles-mêmes les formes étirées d'un arbre ou d'un sein. La rencontre inattendue d'objets disparates — tête de poisson, moulin à café, clair de lune — forme un monstre singulier qui se fait voir et soudain disparaît par enchantement. Que nous montre une toile abstraite ou informelle ? Corridors sans issue, miroitements sans miroirs, stalactites sans grotte, toiles d'araignées, coulées de lave, paraphes, lacs asséchés, plages tournantes, tout se passe comme si les tableaux étaient faits désormais pour n'être pas reconnus : pour demeurer secrets. Cependant, qu'y a-t-il là de plaisant ? Qu'y a-t-il de pittoresque ou d'artistique ?

Sur le sens et la valeur de l'art, les artistes, les philosophes, l'homme de la rue s'accordent le plus souvent assez bien. Il semble, à entendre Platon comme saint Thomas, et Vinci comme Poussin, que la peinture (et la sculpture et les Lettres tout aussi bien) nous donne une vision de la réalité plus directe et plus profonde : ouvre l'œil de notre cœur, disent les uns, nous délivre des opinions, des arguties ou des raisons et nous éveille à notre âme, disent les autres, nous découvre dans la joie et l'extase l'essence même des choses, dit le dernier. Voilà qui demeure un peu vague. Mais voici qui est plus précis : il semble encore que cet éveil ait pour effet de nous réconcilier avec le monde ; de nous en faire mieux apprécier le sens, les rythmes, et tout aussi bien les aspects étranges ou sensationnels. Et l'on sait de reste que l'homme ne voit plus les mêmes forêts après Corot, ni les mêmes brumes après Turner. Or les toiles cubistes à première vue ne donnent guère envie de se réconcilier, ce serait plutôt le contraire. Qui supporterait de vivre au monde de la peinture, tel que nous le font les modernes ? Qui saurait tolérer plus d'un instant sans panique cette incohérence et ces vides, cette faille qui descend dans les objets les plus familiers, ces perpétuelles métamorphoses, cette déchirure qui nous sépare des choses et va, dirait-on, jusqu'à séparer les choses d'elles-mêmes.

D'ailleurs, étions-nous brouillés ? Pas précisément (répondent les critiques d'art). Mais il est bien certain (ajoutent-ils) que nous risquons à chaque moment d'être injustes : de ne pas voir le ciel et les arbres aussi beaux qu'ils sont ; ni les anges et les dieux aussi présents (disent les idéalistes) ; de ne pas remarquer ce qu'a d'étonnant, pour qui l'observe avec soin, un paysan à sa charrue, ou un simple personnage (disent les réalistes), qui se mouche ou qui regarde en l'air. Tant nous sommes accrochés à nos diverses besognes et à nos soucis. Tant l'habitude aussi peut rendre mesquines ces besognes et banals ces soucis. Enfin (ajoutent les critiques), la peinture est là pour nous intéresser au monde, pour nous le faire aimer — pour l'illustrer en quelque sorte.

Moi, je ne vois pas très bien ce que pourrait illustrer la peinture moderne. Plutôt me paraît-elle (animée de quel esprit de vengeance ?) faite pour obscurcir, pour déformer, pour méconnaître — pour nous jeter en doute sur les objets mêmes qui nous sont donnés. Et qui n'aurait le sentiment de quelque vaste mutation, comme il s'en produit parfois dans la nature ? Que laisse-t-elle subsister de nos musées, de nos histoires de l'art, de nos Albums et de nos Galeries, des lentes, des patientes acquisitions de l'art ? C'est au moment même où nous savions enfin comment exprimer le modelé que le modelé s'évanouit. C'est au moment même où nous parvenions enfin à reconnaître les valeurs — les valeurs, je veux dire ce que les couleurs doivent offrir dans leurs rapports de relatif, de nuancé, de subtil —, c'est à ce moment précis que les valeurs disparaissent.

Ainsi des autres : comme s'il existait dans toute méthode quelque défaut propre à la détruire, dans toute connaissance un germe de ruine et d'abandon [1]. Il semble parfois que nous n'ayons convoqué autour de nous, dans ces derniers temps, tant d'arts byzantins, médiévaux, nègres, indonésiens, mélanésiens ou peaux-rouges — tant de musées imaginaires — que pour mieux les supprimer d'un coup.

Voilà donc le peintre bien forcé de renoncer aux sujets nobles : à la peinture d'histoire, *Marius prisonnier des Cimbres ;* aux drames et ballets à grand spectacle, *L'Enlèvement des Sabines ;* aux scènes du cœur, *La Visite à la jeune phtisique ;* à la peinture religieuse, *Les Noces de Cana.* Il renonce même aux *Etangs de Ville-d'Avray au crépuscule,* et tous autres sujets, où nous pouvons toujours glisser des idées, et, comme on dit, du rêve. Il se défie extrêmement de la figure humaine (cette essence de la peinture, disaient pourtant les Anciens). Quand il la traite — malgré lui le plus souvent, à cause des amis qui voudraient avoir leur portrait —, c'est en nature morte, comme une cafetière ou un pot à tabac ; justement comme la traite — avec dédain — le langage vulgaire. Les

1. Fromentin dit à ce propos fortement : « Ce qui servait à lier sert à découdre..., c'est au moment où nous aurions pu faire une belle œuvre qui contînt tout l'art ancien avec l'esprit moderne que la déchéance s'est produite. Mais qui démontrera l'erreur où nous tombons ? » (*Les Maîtres d'autrefois.*)

historiens et les critiques disent volontiers, pour caractériser l'art moderne, qu'il procède par choc, au lieu d'user de séduction, comme faisait l'ancienne peinture. De ce choc, on vient de voir le premier aspect, et le plus frappant : c'est que la peinture désormais rompt toutes relations avec les dieux et les déités, avec les grands personnages (et même les petits) et les couchers de soleil. Tout ce fatras lui paraît soudain privé de sens : privé, en tout cas, de réalité. On a retiré les étais, on a enlevé les appuis. Chacun voit soudain qu'il n'y avait rien par derrière. Il se fait dans l'espace le grand tumulte des décors qui s'effondrent.

Ce serait peu : il semble que s'en aille en même temps tout ce qu'on appelait jusque-là réflexion, idéal, noblesse, et qu'avec les dieux et les héros et les couchers de soleil s'évanouissent le courage et le respect, la révérence et les nobles idées morales, qui les maintenaient debout. Il y a une toile de Miró qui s'appelle *Assassinat de la peinture*. Mais ce n'est pas la peinture seule, dans l'affaire, qui se voit assassinée. Il ne suffit pas aux peintres modernes d'être antipeintres : antiphotographes du même coup, comme il va de soi. Mais encore antilittérateurs, antimoralistes, antipenseurs. Il semble que toute apparence, et toute réflexion aussi bien, se voient par eux privées de vérité. Que reste-t-il ? « Le néant », disait justement un peintre moderne, Vlaminck [1]. Et que dire du néant ? Rien, certes, de ce que les sages critiques d'art avaient coutume de dire jusque-là des tableaux.

Mais voici un trait plus précis encore. C'est que le peintre a perdu cette profondeur bien apprise où les gloires et les dieux, l'arbre et la maison, se disposaient comme sur des étagères : la grande armoire du monde (charmante vieille armoire : il n'y manquait même pas la pile de draps et le sachet de lavande). C'en est fini, de cette fine gamme de valeurs, de ces rencontres de la lumière et des ombres, de leurs accords subtils ou de leurs conflits, de cette sage organisation de l'espace qui ne laisse au vide pas un petit coin, bref de cette perspective qui donne (disait Constable) de la beauté à l'objet le plus hideux. Non, nous n'avons plus affaire qu'à des couleurs violentes, et même hurlantes ; à un espace en rupture de ban, où les plans se chevauchent et s'embrouillent ; mieux, à une étendue en accordéon, qui laisse aux objets toute liberté de s'éloigner les uns des autres, puis de se rapprocher jusqu'à se confondre. Il semble même parfois qu'il n'y ait plus d'espace du tout, et que la cruche ou la pipe, à force d'être pliée et repliée, soit venue tout entière à fleur de toile. Ainsi, par mer agitée, le plancher du bateau tantôt s'effondre sous nos pas, tantôt se

1. Il ne le disait pas de ses propres tableaux (d'autres étaient là pour le dire), mais plutôt des premières œuvres cubistes, qu'il n'approuvait pas.

gonfle et nous entraîne dans sa montée. Et nous ne mesurons pas sans anxiété l'espace mouvant qui nous sépare de la rambarde. La peinture de tout temps nous avait offert des espaces à voir et des distances à apprécier. Mais tout se passe à présent comme si c'était elle qui nous tînt à distance. Elle nous concerne, elle s'adresse à nous. Elle nous prend sur le fait, elle nous met en accusation. Par un étrange *renversement* ce n'est plus le spectateur qui demande au tableau, c'est le tableau qui semble demander au spectateur : que représentes-tu ? Les peintres jusque-là avaient des pensées, et puis ils en faisaient des toiles : ils se figuraient la Madone, ils avaient l'idée du Christ, de la mer et des forêts, et ils faisaient de leurs tableaux un ensemble de signes qui figurât la forêt, la mer, le Christ ou la Madone, et par là même évoquât les sentiments — de la frayeur à l'amour — où nous invitent le Christ ou la forêt

Mais c'est le contraire à présent qui se passe : les peintres laissent passer les images, les avertissements, les chocs qui leur viennent du dehors — et ce n'est qu'ensuite que ces peintres (et nous avec eux) cherchent à ces chocs et à ces images un sens acceptable. Comme il est des hommes chez qui l'acte suit la réflexion, ainsi en est-il d'autres pour qui la réflexion suit l'acte ; des acteurs qui lancent pour ainsi dire leurs pieds et leurs mains en avant et puis les rejoignent comme ils peuvent ; des poètes qui se laissent guider par des mots, et puis font sens de leur mieux. Mais une image ici sera plus claire. Il est des moments de misère intérieure où le soleil et les forêts, les maisons et les rues brusquement perdent leur raison et leur éclat — ne nous disent plus rien. Nous devenons incapables de sentiments nobles, non seulement raisonnables. C'est alors aux choses muettes et absurdes, aux débris et aux restes de poubelles qu'appartient le sens : c'est eux qui ne nous laissent pas en repos ; c'est l'odeur d'un plat brisé, c'est un homme qui boite, une chaumière en lambeaux, une souris morte dans un coin de chambre, qui ont brusquement l'air de posséder, au-delà de leur apparence, une signification qu'ils brûlent de nous transmettre, un secret dont ils pourraient nous faire confidence — et nous nous efforçons d'aller au-delà de leur premier aspect. Nous poursuivons en eux quelque sens secret. Poursuite vertigineuse mais inefficace — et qui nous semblerait inutile ou sotte si elle ne s'accompagnait étrangement d'une sorte d'extase.

Un trait plus frappant encore (pour un critique), c'est qu'il ne peut être question avec ces nouvelles toiles d'aucun des problèmes qu'agitaient jadis les philosophes de l'art : quel est le tableau qui nous rend meilleur ? Qui nous confirme (disent Mengs ou Berenson) dans le sentiment que la vie mérite d'être vécue ? Qui nous apporte (disait Wölfflin) un sursaut d'énergie et tout à la fois une aisance inhabituelle ? Qui nous dispose (disait Aristote) à la vertu[1] et nous délivre de nos complexes ? Non. Ni même des problèmes qu'agitent encore parfois les traités d'esthétique : figures, genres et règles, vertus de l'imitation, règles de la ressemblance, canons plastiques, proportions harmonieuses, perspective. Mais à la place, ce serait plutôt : à quoi donc sert la peinture ? Qu'est-ce qu'on nous veut avec l'art ? Bref, au lieu du *comment,* le *pourquoi.* Et peut-être, plus loin : mais qu'est-ce donc que le monde, et de quoi est-il fait ? Les peintres auraient cherché à embêter les critiques, qu'ils ne s'y seraient pas pris autrement.

On me dira qu'il reste à ces critiques les tableaux anciens. Ce n'est pas tellement sûr. La peinture est chose fragile, elle s'assombrit en quelques années, et prend une couleur de corne. Un vieux tableau a dû tant de fois être nettoyé, retouché, repeint — évidemment, au goût de l'époque — soumis à tant de maquillages, rapiéçages et interpolations (quand il n'a pas été traité, comme *La Cène,* à la truelle et au marteau) qu'il finit par ressembler à une anthologie plutôt qu'à un tableau. Et que restera-t-il, demain, d'un Raphaël, retouché par quelque disciple de Miró ? D'ailleurs, il n'est pas d'œuvre qui ne prête, en vieillissant, à tous les malentendus. Les

1. Charles Blanc observait en ce sens (non sans quelque exagération) : « On rencontre au bagne, dans les prisons ou sur les bancs de la Cour d'assises, des individus de toutes les professions : on n'y voit jamais un artiste » (*Grammaire des arts du dessin,* p. 485).

professeurs nous enseignent parfois, à grand renfort de preuves, qu'il n'est pas un art qui ne soit, à l'origine, religieux ; on ne s'en douterait pas toujours, à voir ce qu'il devient dans la suite. Qu'admire Hérodote dans les Pyramides ? C'est qu'elles sont brillantes, et reflètent le ciel. Les Grecs — et Praxitèle lui-même, à l'entendre — dans les statues de Praxitèle ? Les belles couleurs dont les revêt Nicias. Qu'admirent les contemporains dans Saint-Pierre de Rome ? C'est qu'étant colossale, cette église a l'air d'une miniature. La *Vénus de Milo,* la *Victoire de Samothrace* paraîtraient sans doute médiocres si elles n'étaient mutilées (il n'est que de voir les bras en tous sens que leur proposent chaque année des amants enthousiastes). Qu'admirons-nous en elles ? Ce qui leur manque. Une toile de Sassetta montre saint Antoine au désert tout interdit devant un lapin. C'est bien curieux, ce lapin, et qu'est-ce qu'il veut à saint Antoine ? Et pourquoi un si grand saint aurait-il peur d'un lapin ? Il s'est écrit là-dessus des études sérieuses. Cependant Sassetta avait simplement placé devant le lapin une cassette pleine d'or, évidemment disposée par le démon pour tenter le saint — et qu'un restaurateur scrupuleux, étonné de trouver tant de richesse en plein désert, a soigneusement effacée.

Il faut se dépêcher d'aimer les tableaux modernes qui, eux du moins, ne trichent pas ; où l'on devrait, au prix d'un léger effort, comprendre de quoi il s'agit. Or ce sont les plus négligés. Chacun sait (ou croit savoir) pourquoi le Primitif a peint sur ses rochers des mammouths : c'était pour mieux attraper les mammouths — ou bien, suivant d'autres savants, pour gagner le pardon des mammouths qu'il avait déjà massacrés ; l'Égyptien ses figures hiératiques : c'était pour assurer à son double, dans l'au-delà, une vie plaisante ; le Chinois ses rochers et ses bambous : pour nous permettre d'atteindre sans effort au principe vital, à la quintessence de la vérité ; le peintre médiéval ses Christs et ses saints : pour nous guider dans un monde invisible, le monde de la foi. Soit. Mais pourquoi Picasso peint-il une pipe, une allusion de pipe, Braque une caisse, une ébauche de caisse ? Il est temps, il est grand temps, de l'apprendre. Et somme toute il est un peu ridicule de si bien comprendre les gens d'il y a cent ou mille ou dix mille ans, mais si mal ceux d'aujourd'hui. Ce n'est pas seulement ridicule, c'est inquiétant.

On symbolise volontiers les révolutions par l'assaut donné à quelque palais. Et la peinture moderne, elle aussi, brise avec le décor de théâtre, l'architecture et la perspective, et prend sa Bastille avec un bon siècle de retard. Qu'est-ce qu'elle voulait donc ?

Si je passe aux caractères positifs, je trouve d'abord la grande place, la place presque obsédante que prennent dans le tableau une pomme, un paquet de tabac, un jeu de cartes, une étiquette de bouteille. Là-dessus, on songe d'abord : « Peut-être qu'ils ne savent pas peindre le reste. » Malheureusement, on découvre assez vite que ce reste est précisément facile à peindre — qu'il y suffit d'un peu d'entraînement, de quelques trucs d'atelier. En sorte qu'après s'être dit : « Mais ce n'est que ça ? » on en vient assez vite à se dire : « Quand même, c'est tout ça ! » — car il faut bien que cela nourrisse (puisque le peintre s'en contente), que cela ne soit pas moins plein de sens que Marius ou la jeune malade.

Mais de quelle sorte de sens ? Et qu'est-ce, après tout, qu'une nature morte ? Eh bien ! c'est d'abord un objet qu'on voit, tout comme un paysage ou une figure ; c'est aussi un objet que l'on touche. C'est un objet qui nous invite même, bien plus qu'à le regarder, à le palper et à le tripoter en tous sens (s'il s'agit d'un paquet de tabac), à le tourner et à le retourner, et faire avec lui des tours (quand il s'agit de cartes — surtout si l'on sait un peu tricher), à le peler (s'il s'agit d'une pomme), et tous autres traitements qu'il n'est guère possible de faire subir à une forêt, ni même à une jeune malade. Des objets qui ne prêtent pas à la moindre rêverie : privés de tout vague et de toute complaisance — privés, si l'on aime mieux, de poésie. Mais nous les connaissons pour ce qu'ils sont. Des objets qui ne trichent pas. Ils sont présents, c'est tout.

Il semblerait donc volontiers qu'avec les tableaux modernes le toucher prenne le pas sur la vue, l'espace tactile sur l'espace visuel. Tout se passe comme si notre regard n'était plus qu'une allonge à nos doigts, une antenne à notre front. Il y a en eux ce qui contente les yeux — tout au moins, ce qui les intrigue. Il s'y trouve aussi ce qui fait plaisir aux mains, drôle de peinture pour aveugles. Ce qui fait plaisir aux mains et cependant les déroute. Car ces objets, si proches soient-ils, ne s'offrent jamais à nous complets ni parfaits. Il y faut nous contenter d'un angle, d'un coin, d'un morceau. (De sorte qu'il y a lieu de douter parfois si nous avons affaire au coin de table ou au quignon de pain, au turban ou bien au gâteau.) Et même les plus communs ne vont pas sans quelque faille ou fente qui les rende méconnaissables. Les autres, on dirait de ces signes cabalistiques, que tracent les vagabonds aux portes des châteaux et devant lesquels l'homme de la rue peut dire, le plus honnêtement du monde : « Mais je n'y comprends rien, je ne suis pas initié. »

Ce n'est pas là, dira-t-on, découvrir grand-chose, si la peinture occidentale a de tout temps recherché la matière et le volume, au contraire des arts orientaux, qui se contentent volontiers du contour. Mais voici qui est plus curieux : cet espace n'est plus, comme chez les peintres classiques, un espace qui s'enfuit devant nous jusqu'à perte de vue : c'est plutôt un espace qui s'approche, jusqu'à déborder du tableau. C'est comme un espace en ébullition, que le spectateur aurait charge à tout moment de maintenir — de refouler à deux mains. Cette cruche fonce sur nous de tous ses flancs. Ce fauteuil, comme on dit, nous tend les bras. Ce visage nous impose du même coup, comme à l'aveugle qui le tâte, son profil et sa face.

A ce propos, on a soutenu parfois que le peintre cubiste ou l'abstrait peint les objets, non tels qu'il les regarde, tels qu'il les pense [1]. Voilà encore, j'en ai peur, qui ne nous mène pas très loin. Qui a jamais vu des pensées ? Du moins les supposons-nous volontiers strictes, suffisantes et les unes des autres bien séparées. (Car enfin, si l'on est allé chercher les idées, ç'a bien dû être pour introduire un peu d'ordre et de mesure dans le monde.) Or c'est ici le contraire : non, la Mesureuse n'a pas encore passé par là. Personne n'avait jamais rencontré objets moins sûrs d'eux-mêmes, plus influençables, tout prêts à communiquer. La caisse tremble et ondule, à l'approche d'une guitare. Le pot à eau confie au jeu de cartes son voisin un peu de brun-roux, une anse ; il reçoit en échange deux ou trois cœurs éparpillés. Curieuse peinture, où la pipe et la carte à jouer ne se

1. Telle a été du moins l'interprétation officielle. L'arrêt de la Cour des douanes de New York dans le procès Brancusi porte qu' « une nouvelle école d'art s'est développée, dont les tenants veulent représenter des idées abstraites, plutôt qu'imiter les objets naturels ».

Francis Jourdain écrit de son côté : « Les cubistes pensent l'objet, ils ne le représentent pas » (*Le Point*). Maurice Raynal : « Le cubisme ne prend en considération que les idées des choses, non les choses elles-mêmes » (*Propos sur le cubisme*).

laissent pas mieux situer que le vent dans un paysage. Tout semble ici fait pour nous avertir qu'il n'y a pas lieu à réflexion ; en tout cas, qu'il n'y a pas moyen ; qu'il ne faut pas chercher dans ce sens ; qu'il est bien question plus ou moins des idées, oui ; mais c'est pour s'en débarrasser. Comme si le tableau n'échappait pas moins à son auteur qu'il ne nous échappe. Vous avez beau le scruter, vous n'y trouvez pas un détail qui semble devoir sa place, et son existence même, à quelque réflexion du peintre — pas un qui semble avoir été *voulu*. Ce n'est pas le goût de la mystification, ce n'est pas l'ironie ou la malveillance, qui retient le peintre de nous en dire davantage. Il n'a pas montré une machine pour nous jeter dans la gêne, l'adoration ou le simple étonnement. Non, l'objet étrange qu'il nous montre, il ne peut nous le montrer que tout juste. Ses prises sur lui sont précaires : comme si l'on ne savait pas (ainsi le dit très bien le langage populaire) *d'où cela sort* et quelle est la cause de tout cela. Comme si c'était entièrement sans raison, comme si le peintre l'avait seulement vu passer ; comme s'il en avait été heurté tout le premier ; comme s'il en était innocent et que le tableau ne fût pour lui qu'un moyen de l'approcher. Ce que les peintres ont à nous apprendre est trop grave pour qu'ils aient le moindre souci d'égards et de politesse. De sorte qu'il ne nous reste enfin d'autre ressource que de les prendre, non pour ce qu'ils ont de clair, mais pour ce qu'ils ont d'obscur, non pour ce qu'ils nous proposent, mais pour ce qu'ils sont, et non pour ce qu'ils ont voulu, mais pour ce qu'ils ont souffert. Il y a plus curieux encore.

C'est que les toiles n'offrent pas tout à fait le désordre et l'anarchie, que l'on attendrait, sur ces derniers traits. Non. Et d'abord la vieillerie picturale — tons et valeurs, clair-obscur, la perspective même — y a sa part. Comment ne se glisserait-elle pas dans un tel fatras ? Ce serait peu : il semble qu'elle s'y glisse sous sa forme la plus élégante, la plus avantageuse. Le dessin subtil, les tons rares, la matière irréprochable, les saphirs et les diamants, où la vieille peinture semble épuiser ses poisons, y font autant d'éléments incorruptibles et purs. Il y a plus encore : on dirait qu'elle y joue son rôle, qu'elle y trouve une place toute préparée. De tant de morceaux peints — malgré tout — avec aisance, avec attention, de tant de détails d'une élégance fabuleuse, algues, sources, chevelures, on dirait qu'eux aussi s'emploient de leur poste à cerner quelque objet mystérieux, auquel nous aurions affaire. Il arrive enfin qu'il se trouve, dans quelque coin du tableau, l'une de ces figures strictes que la géométrie catalogue et nous rend familières : l'ébauche au moins de quelque cône, sphère ou cube. Et ce n'est pas tout à fait sans raison que l'homme de la rue les a nommées cubistes. Laissons cela. Je ne cherchais qu'à saisir les raisons d'un charme.

Car il ne suffit pas tout à fait de dire que la peinture moderne diffère de la peinture classique. Elle prend en nous une autre place. Elle appelle de nouveaux sentiments ; une volupté, un dégoût parfois, inattendus ; on ne sait quel parti et quel amour un peu désespéré où il entre de la stupeur et du mystère. De toute évidence, elle cherche moins à plaire qu'elle n'est subie. Et tout se passe comme si les hommes avaient inventé par elle — ou simplement retrouvé — une émotion, aussi différente de l'ancien plaisir esthétique que l'amour diffère de l'avarice, ou le sacré du profane. Quelle émotion ? Ce n'est pas facile à dire. Il faut croire qu'elle échappe à la claire raison ; qu'elle appelle la cachette et le secret, plutôt que la montre. Mais tâchons d'y voir de plus près.

II

CÉRÉMONIES D'UN NOUVEL ESPACE

Personne n'a compris la terrible gravité du drame qui se joue en ce moment dans le monde des arts. SEVERINI.

Il est un ordre de cérémonies primitives, dont le sens de nos jours se montre clairement. Je songe à ces grandes fêtes de rénovation, au début d'un cycle d'années, où chacun se purge solennellement par le jeûne, la confession, l'ascétisme, l'oubli des péchés comme des actions d'éclat et, en tout cas, des habitudes du cycle passé : à la voirie, la politesse, les convenances, les bonnes manières ! Les femmes légitimes se voient traitées en courtisanes, mais les rois en esclaves. Les démons, les maladies, les plus minces germes de querelle sont poursuivis dans le village à grand renfort de cris, tam-tams, exorcismes et puis chassés aux frontières. C'est le moment que choisissent les âmes des morts pour faire irruption. Chacun les accueille avec de grands signes de respect. On les considère, on les cajole, on les flatte. Puis on les renvoie à leur tour. Bref, le temps passé, les coutumes, l'ordre et la hiérarchie de commande se voient abolis. Un monde nouveau peut enfin repartir.

Nos cérémonies nous sont moins évidentes : c'est que nous y prenons part, tout mêlés à elles et sans le recul qu'il faudrait pour les considérer. (Ainsi les sociologues doivent-ils aller — au prix de quels dangers ! — jusqu'en Patagonie pour découvrir les manifestations d'un sentiment sacré qu'ils observeraient aisément chez leurs voisins d'étage.) Mais quel Peau-Rouge, quel Madécasse ne verrait une fête analogue dans les grandes manifestations, qui se poursuivent depuis cinquante ans, non pas toujours sans quelque esprit de farce ou de fumisterie, de la peinture moderne. Dans ce refus farouche de l'ancienne perspective et d'une profondeur bien apprise, où les personnages et les objets se disposaient comme sur des rayons. Dans cette horreur de l'architecture, de la composition, du clair-obscur. Dans cette révolte — au nom de quelle vérité ? — contre les apparences : opinions, hiérarchies, valeurs. Mais, à la place, voici un monde disloqué, où les plans se chevauchent et les surfaces se morcellent et les courbes se boursouflent : d'où viennent la négligence et le chaos, les yeux sans front, le sexe à la place des lèvres, les plans en ébullition (où les objets soudain transparents s'échangent et se confondent) ; et le couteau, le paquet de tabac, le quignon de pain prennent soudain la dignité qui, jusque-là, revenait de droit aux Sabines, aux forêts de l'aurore, à la célèbre figure humaine. Au feu les gracieusetés et les belles nuances, les fleurs et les diaprures ! Que liquide-t-on dans cette braderie ? Que brûle-t-on dans ce feu de joie ?

Il suffit pour le savoir d'ouvrir un de ces vieux albums, qui traînent encore sur les quais et dans les salons d'attente des dentistes. Apprentis marmitons, enfants de chœur coquins, divinités à la belle fesse, Gaulois vêtus de peaux de bêtes, nénuphars, cardinaux, Napoléons, mousquetaires, sorcières, sirènes, présidents de la République et ces jolies dames, si promptes à se mettre nues pour charmer le déluge ou la mort de Sardanapale, voilà tout le drôle de peuple que nous avons reconduit aux frontières. Bon voyage ! Cependant quelques statuettes nègres, quelques masques polynésiens, quelques graffiti de cavernes ou dessins d'enfants se sont montrés. Nous les avons choyés quelque temps. Chassés à leur tour ! Et chassé du même coup cet espace bien étagé, méthodique, transparent, où la nymphe gentiment se pose à côté du Gaulois, et l'oréade sous le nez du satyre. Je disais tout à l'heure que le sens des cérémonies primitives commence seulement de se montrer à nous. Mais la raison en est simple : c'est que, nous aussi, nous brûlons allégrement l'espace des architectes et géomètres (et tout ce qu'on fourrait dedans), comme ils brûlent le temps des historiens. « Leurs brûlements, me dira-t-on, sont religieux. — Soit. Mais quel primitif — quel sociologue chinois ou lapon, tout occupé à dresser une « ethnographie de l'homme blanc » — n'aurait, à son tour, le sentiment que nos violences et nos revirements — et jusqu'à cet étrange horreur des apparences — ne peuvent avoir qu'une raison sacrée ? » Or telle était aussi la conviction des peintres.

La plupart des gens — et pourtant il y en a ! — qui vivent à l'heure actuelle sont beaucoup trop jeunes pour savoir ce qui est arrivé dans la peinture entre l'année 1905 et l'année 1913. C'est tout au plus s'ils peuvent l'imaginer faiblement, sur les documents qui nous restent de ces curieux temps disparus. D'ailleurs, il semble que personne, à l'époque, n'ait été capable de comprendre à la fois tout ce qui se passait, et les documents se contredisent. D'après les plus sûrs d'entre eux, on peut admettre que les jeunes peintres avaient enfin compris, après quelques siècles d'anxiété, ce que c'était que la peinture : ce que ça voulait dire, à quoi ça servait. Il s'agissait d'une découverte grave et passionnante, et bien faite pour changer la vie. (Et l'on s'apercevait du même coup que les tableaux anciens ne méritaient décidément pas qu'on les prît au sérieux.)

D'une découverte passionnante, mais de toute évidence extrêmement difficile à expliquer — qui ne passait pas dans les commentaires et théories ; qui ne figurerait jamais dans les journaux ni même dans les lettres. Non. Il fallait y prendre part. Il fallait être là. *Là,* en fait, ç'aurait pu être aussi bien à Rome, où Marinetti avec Boccioni démolissaient en cachette un vieux musée, à la vérité peu fréquenté, qu'à Berlin, où Münch exigeait que l'on se découvrît devant ses toiles, ou encore à Moscou, où Malevich et Gontcharova dévalaient dans les rues avec la figure peinte — avec une figure-tableau. Mais un peu plus tard, il vint des dictateurs, qui firent tout rentrer dans l'ordre. Et somme toute, *là* c'était Paris — le Paris de Braque et de Picasso, d'Apollinaire et d'Archipenko. Donc le jeune Lapon ou l'Argentin se réveillait un beau matin avec une émotion bizarre : il sentait que sa vie jusque-là n'avait pas voulu dire grand-chose et qu'il était temps pour lui de connaître la vérité. Alors il vendait la maison de famille, organisait entre les voisins une souscription à son profit et puis accourait à Montmartre, où il n'avait désormais d'autre souci que de discuter peinture dans les cafés jusqu'à des sept heures du matin avec d'autres Péruviens ou Lapons. Et dans la journée, de couvrir sa toile ou son papier de signes baroques, dont la femme de ménage, le concierge et les gens de la rue ne voyaient pas très bien le sens. C'est ce qu'on ne lui disait guère, pour ne pas lui faire de chagrin.

On ne le lui disait guère, mais on n'en pensait pas moins. On en causait, dans le café d'abord (les autres consommateurs) et dans la rue. Lorsqu'il y a eu des expositions, c'est venu jusqu'aux journaux (mais dans les faits divers et les échos, longtemps avant de figurer à la rubrique des *Arts*) et aux assemblées délibérantes comme le conseil municipal, la Chambre ou le Sénat, qui sont des sortes de cafés supérieurs, des cafés pour personnages choisis. Ces personnages choisis écrivaient aux autorités des lettres, ou tenaient en public des propos, bien étranges, et qui les relit aujourd'hui n'en croit pas ses yeux.

Car ils auraient pu dire simplement que les jeunes peintres étaient des minus qui ne savaient pas peindre, qui ne savaient même pas dessiner, qui cassaient la tête à tout le monde avec leurs barbouillages, et qu'un âne avec sa queue en aurait fait tout autant. (Un âne se vit en effet chargé par un jeune écrivain d'alors, Roland Dorgelès, d'en faire autant : et le tableau qui s'ensuivit eut grand succès dans le quartier d'abord, et ensuite dans la presse.) Ils auraient pu dire encore qu'on avait affaire à des métèques et à des gens immoraux, à des ennemis de la civilisation et de l'art français. Ils ne s'en privaient pas. Ils disaient tout cela, qui faisait le thème commun des articles de Camille Mauclair, des propos de Maurice Denis ou des boutades de Forain — tous trois esprits fins cependant, et même avancés. Ils disaient autre chose encore, de plus étonnant.

Ils se trouvaient pris soudain d'une grande pitié pour la nature. A leur avis, les peintres modernes infligeaient aux montagnes et aux nuages, aux chiens et aux éléphants, à la figure humaine un outrage immérité dont figures, chiens et autres mettraient longtemps à se relever. « Et que vont devenir, disait le doyen du conseil municipal, M. Lampué, nos écrivains, nos hommes de science ? » Ou le député Breton : « Je me demande, en sortant de leurs expositions, si je n'ai pas perdu la tête et les mains. » Et le critique d'art Gabriel Mourey : « Comment nos forêts et nos champs pourraient-ils laver jamais une pareille offense ? » Il arriva à M. Camille Mauclair de se réjouir hautement de la venue d'une guerre — celle de Quatorze — qui, à côté de divers inconvénients, allait du moins nous débarrasser de tant de peintres, étrangers de toute évidence et venus corrompre notre goût français — plus loin, notre sentiment même du vrai. On vit M. Dornier s'en prendre, dans le *Petit Marseillais,* à une folie, disait-il, qui n'allait à rien de moins qu'à saper les bases de la civilisation, du monde même : « Quand je sors de vos salons, je doute des arbres et des rues que je vois, je finis par douter de mon existence. J'en ai la chair de poule. » (Cette même chair de poule où M. Otto voit l'effet le plus constant de l'approche du sacré.) M. Brun ajoutait, dans le *Journal* (à l'adresse des cubistes) : « Il n'y a donc pour vous plus rien qui compte ! » Il y avait là de l'effroi, plus encore que de la moquerie ou du dédain : une sorte d'effroi sacré.

Bref, l'aventure cubiste offrait tous les traits d'un réveil religieux. D'un réveil religieux, avec ses adeptes et ses prosélytes enthousiastes, qui savent enfin ce qu'est Dieu, ce que signifie le monde, qui vivent désormais dans la Vérité ; et un jeune ouvrier dans un bistrot brusquement se lève et se met à chanter dans une langue que personne ne comprend. Avec ses adversaires aussi qui voient très clairement que Dieu et le monde entier vont être compromis dans l'aventure : que l'on ne sait pas trop comment ils en réchapperont, s'ils en réchappent.

Est-ce très étonnant, ce réveil religieux qui prend la forme du tableau ou de la statue, et pour initiateurs des peintres ? Mais non. L'art a eu de tout temps partie liée avec la religion. Aux dieux et déesses antiques succède à point nommé le peuple chrétien des Christs et des Vierges. Ce renouvellement du personnel se fait très correctement, comme s'il avait été réglé d'avance. Que de Résurrections et d'Ascensions, que de saints et de saintes, et d'anges perchés dans tous les coins ! Plus tard, que de Libertés, de Sérénités, de Justices ! Et je ne dis rien des grands capitaines et des ministres, toujours prêts à se prendre pour des dieux. Or les arts extrême-orientaux et les primitifs ne sont pas en reste sur les nôtres de déités et de diables, l'homme lui-même n'y figure qu'une incarnation passagère de la divinité. On sait, depuis Plotin et Michel-Ange, qu'il n'est pas d'art authentique qui n'exprime une religion.

Mais la peinture moderne brise avec tant d'évocations ou d'idéaux, et le plus exact qu'il en faille dire est qu'elle cesse de représenter le sacré pour l'être. D'où suivent diverses conséquences. Entre autres, celle-ci :

C'est qu'il fallait jusque-là, pour comprendre la peinture, s'y connaître en dieux. Au Canaque, tout éberlué devant un Raphaël, le guide bienveillant n'avait que la ressource d'expliquer *qui* étaient le Christ et la Vierge et les apôtres. Ensuite, tout devenait clair.

Or la situation s'est renversée. Nous ne savons plus très bien ce que peut être le sacré ou plutôt nous le fourrons au petit bonheur un peu partout. « Depuis que j'ai une auto, ma promenade du dimanche, c'est sacré », répond Duval à son curé, qui lui reproche de manquer la messe. Pour Lefranc ce sera sa fortune ; pour Dubois sa famille ; et pour le capitaine Mordacq l'armée à laquelle « il ne faut pas toucher », dit-il. Cependant les tableaux modernes sont devant nos yeux. Il nous est donné de les parcourir, de les monter et de les démonter. Et peut-être, en y mettant de la patience, serons-nous ainsi conduits à quelque découverte. Bref, le divin de tout temps nous renseignait sur la peinture. Mais c'est aujourd'hui la peinture qui pourrait bien nous renseigner sur le divin.

Il faut y voir de plus près. Et d'abord, que répliquaient les peintres modernes à qui leur disait : « Pourquoi tant d'acharnement ? Que reprochez-vous à tous ces nénuphars et à ces cardinaux ? Que vous ont fait ces empereurs et ces pauvres sirènes ? » Or les peintres — ou du moins leurs amis écrivains :

Salmon, Max Jacob, Apollinaire — n'étaient pas le moins du monde embarrassés pour répondre. Ils disaient d'abord : « Quoi ! On se croirait au théâtre. Toutes ces mimiques un peu trop expressives, ces éclairages trop bien guidés, ces yeux fixes et ces cheveux défaits, ces vérités emphatiques, ces agenouillements trop compassés et jusqu'à ces monstres si bien léchés, on dirait une représentation. » Ils ajoutaient, un peu mystérieusement : « Mais nous, c'est une *présentation* qu'il nous faudrait. — Qu'est-ce que vous voulez dire ? » Ils insistaient : « Ça faisait des centaines d'années qu'on les voyait, vos sirènes et vos monarques ! On en avait par-dessus la tête. On en avait soupé. A la fin vous évoquez moins le monde que vous ne le plagiez. Ce n'est même pas lui que vous plagiez, mais les centaines et les centaines de peintres qui vous ont précédés. Vous faites le tableau d'un tableau. »Eh bien, mettons le plaisir du changement et de la différence, le plaisir aussi de la destruction. Ce sont là des joies mystérieuses peut-être, mais très réelles. Il est intéressant de voir de nouveaux pays (et de renoncer aux anciens). Il est agréable de voyager — il est même agréable d'imaginer qu'on voyage — dans de nouvelles planètes. Il n'est pas sans charme de casser un vase de Sèvres, même s'il nous appartient. Il est passionnant sans doute de construire une église, un arc de triomphe, un pont. Mais quand le pont, l'arc ou l'église sont achevés, il n'est rien de plus passionnant que de les jeter bas ; et l'on sait que les maçons démolisseurs sont plus estimés — sont payés un peu plus cher — que les maçons constructeurs. Ajoutez la joie de la métamorphose : il est plaisant — il est curieux en tout cas — de se retrouver du jour au lendemain maître si l'on était esclave, avec tous les droits et les plaisirs qui s'ensuivent. Esclave, si l'on était maître : un homme tout nu sans le moindre ornement, sans rien de surajouté, et qui tient le coup tout de même. Il est palpitant de faire table rase, et de repartir de zéro — de montrer qu'on était capable, s'il l'avait fallu, d'inventer la peinture. Bien. Tout le monde sait que l'habitude est ennuyeuse. Mais pourquoi est-elle ennuyeuse ? Voilà ce que les peintres devraient nous dire. Voilà ce qu'ils semblent, de nos jours, bien placés pour savoir.

« Eh bien, ajoutent-ils, c'est qu'on était arrivé à les savoir par cœur. On les fabriquait machinalement. Ça ne faisait plus que des miniatures agrandies, des « ressemblances à coup sûr » (disait Apollinaire). Soit. J'imagine en effet que la reproduction, l'agrandissement sont des travaux mécaniques, et faciles sans doute mais fatigants à la longue : sans la moindre spontanéité, sans joie ; et il est bien certain que les progrès (dont j'ai parlé) dans l'art de disposer les places et de ménager les valeurs ôtaient au spectateur (mais d'abord à l'inventeur du tableau) toute surprise. Or le peintre, à la différence des autres hommes de métier, exige de se plaire à ce qu'il fait — à tout le moins d'en être ému et chaque fois surpris. C'est même pour ça que tout le monde plus ou moins a envie de devenir peintre (ou littérateur).

Et puis ? En savons-nous davantage ? Oui, la répétition est une forme d'habitude particulièrement ennuyeuse puisque nous y prenons cette habitude, en quelque sorte, à notre compte. Nous l'acceptons, nous l'assumons. Mais à plus forte raison la rupture devrait-elle ici nous instruire quand elle est si précise, et le renoncement si décisif.

Ici les peintres et les critiques modernes nous répondent carrément : « Quoi, tout ça n'était pas vrai. C'était des conventions, c'était des astuces. Ça n'existe pas. » Ou de façon plus nette encore : « C'était des idées. » Mais quelles idées ?

Nous le savons déjà pour une part. On a vu avec quel soin la peinture moderne évite les sujets abstraits, renonce à peindre *la* Justice, *la* Vengeance, ou *le* Crime et tous autres sujets nobles où plus d'un peintre de jadis — Mengs entre autres, et les peintres académiques — la voulait cantonner.

Ce serait peu. Elle n'évite pas avec moins de soin les sujets qui inviteraient plus ou moins à de telles réflexions : la visite à la jeune phtisique ou l'attendrissement ; Napoléon à Sainte-Hélène ou les regrets, La Balue dans sa cage ou la cruauté. Au demeurant, on comprend très bien les raisons de cette défense : c'est, diront les peintres, que l'idée est décharnée, anatomique, fixe (au lieu que la réalité à tout instant se transforme devant nos yeux) : fixe et par là monotone, régulière ; une fois pour toutes figée. D'où l'on conclurait assez bien que le vice de l'habitude, et du même coup la raison de l'ennui qu'elle répand, vient de substituer aux fleurs et aux arbres, pourquoi pas aux rois et aux marmitons, l'opinion que nous avons une fois pour toutes formée du roi ou du marmiton, la vue que nous avons déjà prise de l'arbre ou de la fleur. Nous savons tout cela : et que l'idée n'est pas longue à devenir recette. « Il ne faut jamais avoir une idée à sa portée, dit Cézanne, quand on a besoin d'une sensation. » Qu'est-ce que l'idée, sinon un type préconçu sur lequel il est trop facile ensuite de calquer la réalité. Mais c'est au contraire le peintre qui doit à chaque nouvelle fois se calquer sur les choses et « recueillir (dit encore Cézanne) les sensations à leur source impalpable ».

Mais ce serait peu encore. L'idée offre un autre danger, et plus grave sans doute. Il serait peu qu'elle simplifiât arbitrairement la réalité, la réduisît à des schèmes, à une ossature, la privât de son détail imprévu, de ses nuances, de ses surprises. Il semble encore qu'elle tende à la remplacer : qu'elle se suffise à elle-même sitôt formée.

Il n'a pas manqué de philosophes ni de métaphysiciens pour soutenir — puisque nous ne connaissons jamais que nos pensées — qu'il n'était rien d'autre au monde et que les choses n'étaient qu'illusion. Il ne manque pas non plus d'hommes du commun (des douteurs, dit la médecine) aux yeux de qui le monde extérieur perd sa résistance et se voit tout entier réduit en idées. Les maisons, les passants et jusqu'aux arbres et aux fleurs et à leur famille même ne leur semblent plus que des ombres chinoises sur l'écran de leur cerveau ; leurs parents et leurs amis de simples signes, qui vont et viennent. Ainsi apparaissent aux cubistes les tableaux anciens : comme si ce n'était point tant le peintre moderne qui eût renoncé aux sirènes et aux généraux que ces généraux et sirènes qui se fussent en quelque sorte retranchés de lui et de nous. Ainsi les idées tendent à nous couper des choses, elles forment une sorte de monde clos qui se suffit à soi-même, à l'écart de la réalité.

Faut-il pousser plus loin ? On pressent vaguement un dernier défaut plus profond, d'où proviendraient peut-être les deux autres. Quand les peintres nous disent qu'il faut attendre, pour s'emparer d'un objet, qu'il « échappe à l'idée qu'on s'en fait » ou bien encore qu'il faut se vider de ses idées pour laisser passer les choses, ce qu'ils disent est beaucoup plus vaste et général ; plus étrange aussi : tout se passe comme si la conscience que nous en prenons suffisait à altérer les objets les plus simples, ôtait au paquet de tabac, à la caisse, à la pipe, une part — et peut-être la part essentielle — de sa nature. Ou bien, dirait-on encore, comme s'il y avait dans les objets réels — arbre, tabac, caisse — une part secrète, qui refuse notre connaissance et perde, à être pensée, sa valeur et jusqu'à sa signification.

Donc tout se passe comme s'il était — et jusqu'en nous-mêmes — des événements qui ne supportent pas d'être regardés, qui perdent à devenir idées leur valeur et jusqu'à leur sens et comme secrets par nature. Ce sont ces événements que la peinture moderne aurait charge de nous rappeler. Plus exactement : où elle aurait charge de nous replacer, de nous rejeter. C'est en de telles énigmes que nous voici jetés : que se passe-t-il en nous, qui échappe à notre regard ? On dirait une devinette : il est là, et tu ne vois pas qu'il est là. On dirait un conte de fées : si tu regardes l'arbre, l'arbre disparaîtra. Si tu te retournes vers le château, le château va s'évanouir.

Mais prenons la question d'un autre biais. « Et qu'avez-vous donc trouvé, dirons-nous, qui vous fasse échapper à ce fatras d'idées ? D'abord pourquoi ce mot de *cubisme* ? »

Ce n'est pas du tout facile pour un mot nouveau de réussir. Même s'il est très bien inventé, il est rare qu'il s'impose du premier coup. C'est un peu comme le succès en littérature : même si un écrivain a eu le prix Goncourt, il ne devient pas célèbre pour autant. Il lui faut encore avoir un nouveau prix l'année d'après. En tout cas, un nouveau succès, qui revienne au même qu'un prix, sinon il y perd toute sa gloire. On n'en a jamais fini avec le succès. C'est pourquoi tant de braves gens préfèrent y renoncer tout de suite. Et combien d'écrivains, et de mots, célèbres aujourd'hui, sont oubliés demain ! Pour s'imposer il leur faut être, comme disent les psychanalystes, surdéterminés. Je veux dire qu'une foule de raisons, en général fort différentes les unes des autres, viennent d'abord les proposer, et puis les fortifier, et enfin leur assurer un sens aussi exact et complet qu'il se peut. Ajoutez qu'il ne fallait pas compter, dans la circonstance, sur les nouveaux peintres : ils ne formaient pas une école. Ils n'avaient pas choisi de nom de ralliement. Ils cherchaient, sans trop savoir ce qu'ils cherchaient. Ils savaient assez bien ce qui les désobligeait dans la vieille peinture : ce qui les dégoûtait. Pour le reste, ils avançaient à tâtons. Ils se laissaient faire. Ils s'abandonnaient. Ils pressentaient très bien qu'un événement considérable allait s'accomplir grâce à eux. Quel événement au juste, ils n'en savaient rien. Tout se passait comme si ç'avait été la peinture elle-même qui eût cherché à s'exprimer par leurs mains et par leurs yeux.

C'est par le plus grand des hasards que le mot de cubisme fut prononcé pour la première fois, on ne sait pas très bien par qui. Certains historiens ont soutenu que c'était Matisse. D'autres tiennent pour le critique d'art Vauxcelles. Tous deux ont dit que non. Peut-être était-ce simplement un amateur quelconque, un homme de la rue. De toute façon, on sait très bien à quelle occasion le mot fut prononcé. Ce fut en 1907 devant un tableau de Braque, *Maisons à L'Estaque*.

Qu'est-ce qu'on voyait dans ce tableau ? Au flanc

d'une colline, trois ou quatre maisons et deux arbres. Le tout était peint dans des couleurs plutôt plates, peu insistantes. Le dessin, aussi simplifié que la couleur, réduit à l'essentiel. Somme toute, les arbres ressemblaient assez bien à des cylindres ; et les maisons, à des cubes. L'ensemble était aussi différent de la peinture chaleureuse et colorée à la mode que l'eût été un dessin en noir et blanc. Ce n'était pourtant pas un dessin, de sorte que les spectateurs se sentaient volés ; en tout cas, déroutés. Matisse (ou l'homme de la rue) a dit là-dessus : « C'est du cubisme », comme il aurait pu dire « du cylindrisme ». S'il disait « du cubisme », c'est simplement parce qu'il y avait un peu plus de maisons que d'arbres. Mais enfin, le mot était ironique, et plutôt malveillant. Puis les cubistes pouvaient justement protester que l'on ne trouvait dans leurs toiles pas moins de cônes, de pyramides et de cylindres que de cubes proprement dits ; qu'au surplus, ils n'avaient pas le moindre souci de former des figures géométriques.

C'est à quoi le sens commun ne répliquait pas (d'ailleurs il ne réplique jamais). Il s'obstinait simplement à les appeler *cubistes.* A quoi l'on trouve assez vite une seconde raison.

Qu'est-ce qu'on a vu, un ou deux ans plus tard ? Des verres à boire de Picasso. Cette fois, c'étaient des verres assez étranges. On ne peut pas dire qu'ils ne ressemblaient pas à des verres. Plutôt, ils y ressemblaient un peu trop. Un peu trop, en ce sens que les verres se montraient de tous les côtés : à la fois de face et de profil, par-dessus et par-dessous. Il y avait d'une part un rond parfait, comme si l'on s'était penché sur le verre ; d'autre part les jolies courbes de danseuse que montre un verre quand on le regarde de côté ; il y avait aussi les lignes plus raides et les angles qui se montrent lorsqu'on jette sur le verre un coup d'œil en passant ; sa projection orthogonale, disent les peintres. On vit aussi des paysages de Braque. C'étaient des paysages où les mêmes maisons se montraient à la fois de face, avec leurs fenêtres bien alignées, et d'en haut, avec leur toit à plat. On voyait même, à travers les murs, le jardin que la maison, dans la réalité, eût caché aux yeux. Comme dans ces vieux plans de villes et ces tableaux primitifs où les châteaux nous montrent, par une heureuse transparence, la cheminée monumentale ou les escaliers tournants qu'ils cachent d'ordinaire au promeneur et jusqu'aux oubliettes qu'ils dissimulent à leurs propriétaires, les nouveaux peintres nous donnaient à voir les objets de tous les côtés à la fois [1]. Et je ne dis rien des dames de Picasso, qu'on pouvait regarder à la fois de face, de profil et de dos, de sorte qu'elles paraissaient avoir cinq oreilles et deux nez. Bien entendu, tout cela était plutôt esquissé que détaillé. On ne voyait qu'un quart

1. C'est là ce que les peintres cubistes appelaient le *rabattement des plans.*

ou un vingtième de la circonférence, une ou deux tuiles de la maison. C'était bien assez pour imaginer tout le reste. Enfin tout se passait comme si les objets étaient soudain devenus transparents. Un contre-espace violent éventre les murs et danse à travers les meubles. Il arrive qu'il emporte la chambre entière dans son tourbillon, et ne laisse subsister sur la toile que de petits objets pris d'ivresse et tournant comme lui, un semis d'écailles.

C'est ici que le mot de cubisme fit sa réapparition. Car chacun sait que le mot de *cube* évoque pour nous tous une image simple, et même simplette, que nous avons vue dans les dictionnaires : l'image d'un petit objet régulier à six faces — et dont nous distinguons à la fois les six faces, grâce à un ingénieux système de pointillés, comme si nous tournions tout autour, comme si nous étions dedans.

Voici donc une seconde raison : les nouveaux peintres nous montraient des objets, qui sont d'ordinaire opaques, à l'état transparent, et le type même de l'objet transparent pour nous tous, c'est le cube.

Peut-être y eut-il une troisième raison. Je ne la risque pas sans de grandes réserves. Il me semble pourtant l'avoir à tel ou tel moment senti passer. Voici.

La peinture moderne est une vaste entreprise de démolition, qui commence par se débarrasser des cardinaux, des nénuphars et des dames nues de la peinture académique. C'est la première surprise qu'elle donne au spectateur. Qu'est-ce qu'il trouve à la place ? Non pas seulement des cubes, bien entendu. On distinguait aussi, sur les nouvelles toiles, dans un grand désordre, des sphères, des cônes et toutes sortes de parallélépipèdes. Car enfin des lignes qu'on lance au petit bonheur cela finit toujours par ressembler à des figures géométriques — à des ébauches au moins de figures géométriques. De sorte qu'à la fin, si les toiles ressemblaient à quelque chose, c'était à de simples esquisses, à des commencements de tableaux, que le peintre distrait eût laissés en plan. Et le critique avancé d'alors, M. Gabriel Mourey, disait des peintres cubistes : « Ils se montrent en caleçon : renvoyons-les s'habiller [1]. »

Et comment est-ce que les anciens peintres s'y prenaient pour commencer une toile ? Ici, il suffit d'ouvrir le premier traité venu pour apprendre trois choses : c'est d'abord que l'essentiel de la peinture est dans la perspective qui suffit à donner du prix, disait Constable, à l'objet le plus bas. Ensuite que la perspective résulte d'une heureuse distribution, d'une part des lignes, d'autre part des lumières, des ombres et des couleurs. C'est là ce que chacun sait.

1. Il s'agit là d'un thème critique, qui est resté courant. M. Gabriel Marcel, entre autres, écrit qu'il s'agit dans la peinture moderne d'un « art déshumanisé » fait « d'essais et d'expériences qui se prennent eux-mêmes pour fin » (*L'Age nouveau,* I, 1955) et André Gide : « De nos jours, ce qu'on estime avant tout en musique, peinture ou littérature, ce sont des points de départ, dussent-ils ne mener à rien. »

Le troisième point est peut-être moins connu. Ce n'est pas le moins grave. C'est que cette distribution des lignes et des couleurs est infiniment délicate et prête, même chez l'artiste expérimenté, à mille erreurs. De ces erreurs (ajoutent les traités de peinture), on évitera la plupart, si l'on se souvient que chaque corps, quel qu'il soit, supporte d'être enfermé dans un parallélépipède régulier, sur lequel on observera à loisir le jeu de ses aspects. Il suffira ainsi, dans la préparation du tableau, de traiter les futurs cardinaux, les nénuphars ou les dames nues comme s'ils étaient de simples cubes. Les traités ne se contentent pas de le dire, ils le font : les brouillons et les études qu'ils présentent aux jeunes peintres ressemblent aux cages d'une ménagerie où l'on aurait enfermé au lieu de tigres et de panthères des cubes vus de près ou de loin, de face ou de travers, des cubes et encore des cubes.

Voici donc une troisième voie suivant laquelle le mot de *cubisme* revenait s'imposer : les tableaux cubistes ressemblaient à des esquisses, à des préparations, et l'esquisse, en peinture, ç'a toujours été, depuis l'invention de la perspective et jusqu'à nos jours, le cube.

Bien. Et voilà pour le cubisme. C'est où nous retrouvons les divers traits, de la faille à la métamorphose, qui nous paraissaient dès l'abord caractériser les tableaux modernes. Et simplement peut-il sembler qu'ils trahissent, plutôt qu'un monde décomposé, un monde en formation, qui procède moins de la raison, de la réflexion, des idées qu'il ne les précède. D'où suit un nouveau caractère, qui n'est pas moins frappant.

Les partisans de la peinture moderne ont le droit, bien entendu, d'user, contre leurs adversaires, de toutes les injures qui sont de mise dans les discussions politiques ou religieuses. Ils peuvent les appeler fossiles et même pompiers. Ils peuvent les trouver grotesques, et même les plaindre. Ils peuvent aller jusqu'à dire — ils ne s'en privent pas — que ceux des peintres d'aujourd'hui qui sont restés fidèles aux lois de la vieille peinture (comme Dunoyer de Segonzac ou José Maria Sert) les font songer à un cadavre dont les cheveux continueraient à pousser. Oui, ils peuvent dire tout cela. Mais ils n'ont pas le droit de les traiter d'imbéciles qui ne comprennent rien à rien. Car il ne s'agit plus tout à fait de comprendre. La peinture moderne exige dès l'abord certain parti pris, certain élan, que nous demeurons parfaitement libres de lui refuser. Et les gens qui ne s'y intéressent pas disent, somme toute très sagement (plus sagement peut-être qu'ils ne pensent) : « Moi, je n'ai pas eu la révélation, je n'ai pas la foi. »

Quand Chardin me montre son petit coffre à bijoux, Rubens ses déesses ou Potter sa vache dans un pré, je dois bien avouer qu'il s'agit d'une vache, de déesses, d'un coffret. Je serais de mauvaise foi si je prétendais voir une tour, une grenouille ou de simples nuages. Lorsqu'on m'apporte le moulage, à peine retouché, d'une main, eh bien, je dois reconnaître qu'il ressemble à une main (puisque c'en est une). Mais quand Cézanne me montre un compotier à la fois de face et de biais, quand Braque me fait voir en même temps le dehors et le dedans d'une caisse, quand Picasso m'offre une même dame à la fois de face, de profil et de dos, quand Chagall me montre du même coup la vache et le petit veau qu'elle porte dans le ventre, je puis très bien me refuser à les suivre. C'est mon droit strict de rester tranquille à ma place, au lieu d'imaginer que je tourne autour du compotier, que je survole la caisse, que je tourne à toute vitesse autour de la dame, ou que je cours après la vache pour la couper en morceaux. J'ai tout à fait le droit de me plaindre que le mur, qui m'est opaque, soit au peintre transparent. Après tout, je ne suis pas un oiseau, ni une puce, ni même un boucher. Je suis un homme assis (ou debout) et, pour l'instant, immobile. Il m'est bien permis de simplement décréter que vos maisons sont de traviole, vos compotiers de guingois ; et que votre pot de tabac, votre table, votre mandoline se dilatent ou se contractent bizarrement (au lieu de s'éloigner ou de se rapprocher, comme ce serait leur devoir). Puisque c'est ainsi que je les vois de mon poste.

En bref, le tableau classique est, depuis les Renaissants, une démonstration qu'on nous impose. Mais les tableaux modernes seraient plutôt une suggestion, qu'on nous propose : une invitation légèrement fantastique, une offre un peu imprudente. Et somme toute ils nous orientent vers les objets, plutôt qu'ils ne nous les donnent à voir. Les contes de fées, sinon les religions, ont été inventés, je suppose, pour nous donner à entendre quelque événement bien plus étrange qu'un conte, et pourtant réel. Or le peintre cubiste ne se propose rien de moins — si nous nous y prêtons tant soit peu — que de nous transformer en puce ou en alouette. Mais ce serait peu : nous devenons puces et cependant nous demeurons des hommes ; alouettes, et nous restons bien carrés sur nos pieds. C'est plus bouleversant encore qu'une simple métamorphose. Nous ne sommes plus un spectateur paisiblement assis sur son fauteuil, comme au théâtre, et qui craint, s'il bouge tant soit peu, s'il pousse le plus léger cri, d'agacer sa voisine. Non, c'est plutôt comme un combat de coqs, une course de taureaux. Il nous faut crier. Il nous faut monter sur le plateau. Il nous faut courir l'aventure. C'est à quoi tient sans doute, pour une part, le plaisir inconnu, dont je parlais tout à l'heure. C'est un grand plaisir, pour peu que l'on y mette de la bonne volonté. Car il arrive que la bonne volonté se voie aussitôt récompensée.

Il n'est pas un homme qui ne goûte la vive, l'étrange joie que nous apporte un nouveau chemin frayé dans une forêt familière (même s'il n'a pas encore trouvé son assiette), un sentier inattendu dans le jardin que nous connaissons le mieux (même si ce n'est pas encore tout à fait un sentier). On dirait que la sorte d'injustice qui nous condamne à ne voir jamais à la fois qu'un seul aspect des choses : à enfermer les arbres et les maisons, les passants et les montagnes dans autant de petits flacons, on dirait que cette injustice a pris fin pour un instant. Finies les habitudes, comme on dit, toutes faites ! Finies les idées, les rêvasseries, les manies ! Voici le jardin lui-même. Non moins réel que nous. Non moins épais. On peut liquider les vieilles cartes postales. On peut remettre à l'eau les vieilles sirènes. Il semble qu'il s'ouvre à nous une vie nouvelle, que nous donnerons à l'attention. On se jure de regarder à l'avenir tous les objets du monde comme il nous a été donné de regarder ce jour-là un jardin, un ciel, une jeune femme. Et notre œil croit baigner à l'aise dans une étendue sans distances — comme il est donné à notre pensée, dans le temps, d'épouser à la fois le passé, le présent, l'avenir. Ainsi l'espace, dans les tableaux cubistes, sort de ses ornières. Ah ! voilà qui vaut bien que l'on balance nénuphars et cardinaux.

J'avance patiemment. Je voudrais préciser, en même temps que leur part visible, la part invisible des nouveaux tableaux. Or voilà deux fois que je bute au même souci (la première fois, c'était à propos des sirènes) et je ne puis tout à fait l'esquiver. Au demeurant, c'est un souci fort commun dans les arts ; et le poète ou le romancier, le lecteur aussi, bien entendu, éprouve qu'à l'occasion d'un mot, d'un aveu, d'une aventure, le monde lui est donné, les choses émergent du chaos. Il en sent le contact sur sa peau dans toute sa fraîcheur. Oui. Et forcément il s'aperçoit du même coup qu'il l'avait perdu ; tout au moins, qu'il était en voie de le perdre. Puisque le monde existe, qu'il aurait très bien pu ne pas exister. Qu'il était en train de le laisser couler entre ses doigts. Qu'il s'en voyait privé par les efforts mêmes qu'il faisait pour le connaître, par les idées (pourtant sages et cohérentes) qu'il en formait. Il discerne cette légère diminution, cette perte d'existence qui se glissait l'instant d'avant dans le ciel ou le jardin. On dirait une initiation. On dirait une conversion. Il lui semble toucher, ne fût-ce qu'un instant, au tuf même des choses, par-delà les apparences, les idées, les faux-semblants. Ou plutôt, c'est le tuf des choses qui est là tout contre lui et le heurte et le bouscule. De quel nom cependant appeler un souci — une révélation — qui a trait non plus à la beauté (ou à la laideur, ou au caractère) de la maison, de la caisse ou de la fleur, ni même au détail des pétales, des planches, des pierres dont elles sont faites et autres éléments et traits naturels — non, mais qui les dépasse (ou, si l'on aime mieux, les transcende) : qui se demande si la maison est bien là et si la fleur est tout à fait réelle et si la caisse n'est pas une illusion de caisse.

Oui, de quel nom ? Il m'est arrivé, dans le temps où je me le demandais, une curieuse aventure.

III

PETITE AVENTURE EN PLEINE NUIT

Enlevez ces arbres qui m'empêchent de voir la forêt.

Proverbe.

Dans l'atelier qui nous sert, à ma femme et à moi, de chambre, de salle à manger, de bureau (et même de cuisine et de boudoir), le divan se trouve assez loin de la porte : exactement dans le coin opposé. Ce divan (qui se transforme en lit, vers onze heures du soir) reçoit la lumière d'une lampe de chevet. Assez pâle, la lampe de chevet. L'avantage est qu'on l'allume dès l'entrée ; oui, mais justement, cette nuit-là l'ampoule était cassée. Il ne me restait que la ressource de la lampe de plafond, dont la lumière est vive et cruelle. Or Germaine dormait. Il était près de deux heures du matin, et je rentrais d'une soirée, passée chez des amis.

Je jure que je n'avais guère bu. Je disposais de tout mon sang-froid. La preuve en est dans la décision — à la fois énergique et ingénieuse — que je pris de donner, à peine entré, un coup de lumière d'une extrême rapidité, trop bref pour importuner ma femme ou la réveiller, mais suffisant néanmoins à m'entrer dans les yeux les obstacles de toute espèce — de la table à la commode, de la seconde petite table à la cheminée, de la troisième table au paravent — qu'il me fallait éviter ou contourner délicatement (ma femme ayant le sommeil léger) avant de parvenir à l'endroit-chambre de la pièce. Bien. Ces obstacles étaient de vrai très nombreux et différents. Mais je les embrassai courageusement d'un seul coup d'œil et, les ayant jaugés, je me lançai en pleine nuit, d'abord très vite, puis de plus en plus lentement à mesure que j'avançais, dans quel espace ? Dans un espace qui me sembla soudain... Mais non, je vais dire d'abord ce qu'il n'était pas.

Eh bien, il n'avait rien de commun avec l'espace que l'on découvre d'une fenêtre, avec cet espace vaguement étoilé, par exemple, que j'aurais pu distinguer (mais je m'en fichais pas mal !) aux vitres de l'atelier : un espace à demi vrai, à demi faux ; poétique, comme on dit, et qui donne à rêver ; qui se prête si bien à l'imagination, à nos vagues projets, aux idées qu'on se fait. Non, c'était même tout le contraire. Point de ces places lointaines et de ces places voisines ! Ici, tout m'était voisin. De ces parties indifférentes, et de ces parties curieuses. Ici, tout me concernait, tout m'était passionnant, tout m'était diablement vrai. Ni de ces plans aimablement étagés, en fuite douce. Ici, tout était imminent, hérissé de pointes, creusé de vides, labouré de failles et de fentes ! Ah ! non, ça ne faisait pas un paysage de tout repos ! Et ma femme qui continuait à dormir paisiblement entre ces tables pointues, cette pierre ou plutôt cette brique (vaguement gravée) qu'un rien jetterait par terre, ce lierre traînant à droite où je vais me prendre les pieds (drôle d'idée, de garder du lierre dans une chambre), cette armoire, dont la porte bâille un peu déglinguée, ce plateau de cuivre (horriblement sonore) en équilibre sur son tabouret, cette sorte de mille-pattes renversé (prêt à s'agiter en tout sens) : la machine à écrire, ces piles fragiles de livres que j'élève le plus haut possible pour échapper à la poussière (qui entraîne, sitôt reconnue, de la part de ma femme une intervention brutale sous forme de nettoyage général de l'atelier, avec le désordre qui s'ensuit et les papiers perdus), cette bibliothèque tournante (qui n'attend que le moment de grincer), et tant d'arches, de barrières et de colonnes. A ce moment même, j'entendis au-dehors sonner deux heures, et la précision des coups me fit plaisir. Ah ! le temps du moins restait fidèle. (Mais je me sentais vaguement coupable de son bruit.) Il y avait plus (je ne le remarquai qu'ensuite) :

c'est que chaque objet avait perdu sa première valeur : les livres et la machine, hélas ! bien déchus de leur ancienne noblesse : les uns, par trop disposés à s'éparpiller à terre, l'autre toute prête à bambonner si je l'effleurais seulement du doigt. Qu'il me tardait d'appuyer largement ma main sur la brave, la fidèle, la silencieuse commode !

Cependant, je persistais à avancer des mains, des pieds, des genoux. Ma tête même, que je craignais de cogner aux livres, portait son danger particulier. Il m'arriva de faire de curieuses chutes (des ébauches de chutes) : c'était quand ma main, après avoir suivi le contour de quelque meuble, brusquement perdait le contact, s'égarait dans les ténèbres (et je me sentais soudain isolé du monde des choses). Deux heures sonnèrent à une autre horloge, comme je reconnaissais de la hanche un coin de table : même le temps se déréglait. Mais je tournai habilement la table et je parvins enfin à l'endroit creux, à l'espèce de grotte — je commençai par en reconnaître du coude les parois — où je n'avais plus qu'à me déshabiller en silence. Alors, à l'instant précis où deux heures sonnaient à une troisième horloge, il me vint un curieux sentiment. C'est que j'avais traversé l'espace d'un tabeau moderne. J'étais précisément entré dans une toile de Braque ou de Picasso (et je venais d'en sortir). On me dira que je n'y voyais pas. Mais si ! J'avais parfaitement vu tous mes obstacles, je ne les avais jamais tant vus, je les avais presque trop vus, à cette lumière aveuglante

— comme s'ils n'avaient jamais encore été là ; comme s'ils venaient d'être créés ; comme s'ils venaient de se créer eux-mêmes ! (Malgré leurs taches, leur usure et, il faut l'avouer, leur poussière.) On eût même dit que je les voyais de tous les côtés à la fois. Car enfin j'en reconnaissais à présent le dos et les côtés aussi bien, ou aussi mal, que la face, et le dessous de la table ne m'était pas moins familier que le plateau. Je ne m'étais pas contenté de leur aspect : c'est leur inspect que je tenais. (Est-ce qu'on peut dire *inspect* ?) Je m'en étais imprégné. Je les avais digérés. (Comme une dame fixe un diamant à la devanture du bijoutier, et puis, pour le posséder un instant, ferme les yeux.) J'y avais cru. J'avais parié pour eux. Vous me direz que je pariais sur pas grand-chose. Eh oui, mais je pariais d'autant plus fort. Sur quoi parierait-on d'autre que sur le peu, sur le presque rien ?

Remarquez que j'aurais très bien pu me payer tout à la fois ; je veux dire allumer la lampe du plafond — quitte à réveiller ma femme — et me promener dans une chambre familière. Dans cette aimable chambre que je connais bien — que je connais trop, un peu fatiguée vraiment. Avec ses tableaux pendus au mur, ses petites statuettes, son lierre nain (dans un pot). Avec sa vieille armoire paysanne, fabriquée pour les noces de ma grand-mère — mais elle a très bien tenu le coup jusqu'à moi, et même les deux pigeons sculptés n'ont pas trop souffert des déménagements (sauf que l'un des deux a perdu son bec, et l'autre une de ses ailes). Encore une chance que je l'ai gardée. C'est qu'elle ne relève d'aucun style classé et n'intéresse pas les antiquaires, à qui j'ai parfois tâché de la refiler (dans les moments un peu durs) — une armoire paysanne, disaient-ils. Mais au diable l'armoire ! Au diable aussi le tapis de prière que Gustave-Charles Toussaint m'a pourtant rapporté du Tibet, avec sa petite déesse verte, deux cents fois répétée — tantôt sur fond bleuâtre, tantôt sur fond d'or. Et la pendule sous globe que m'a donnée André Lhote (en échange d'une boîte à musique). Ah ! c'est pourtant une belle pendule transparente, qui montre sa lyre, et ne cache pas un de ses rouages. (On n'en finit pas de les regarder. Même, il y en a trop. Je suppose qu'on en a remis, pour le plaisir. On dirait le chef-d'œuvre d'un compagnon du tour de France, de quelque Armand-l'œil-juste ou Gustave-les-doigts-fins.) Elle a été longue à faire marcher. Tous les horlogers s'avouaient battus. Tous ! Jusqu'au jour où Jean Arabia l'a prise par la douceur, l'a gentiment appelée « pièce de musée », lui a forgé de nouvelles roues, l'a couvée cinq mois chez lui. Sans compter le jardin qui se répand sous ma fenêtre, c'est un jardin de couvent où je vois parfois une sœur aller et venir. Pour le regarder à mon aise, la fenêtre étant trop haute, j'ai fabriqué, avec l'aide d'Albert Uriet, une sorte d'étagère-marchepied, où deux personnes — c'est en général ma femme et moi — peuvent très bien tenir debout, en se serrant un peu. Ou bien une seule, qui peut alors s'asseoir sur une chaise. Mais ne nous laissons pas distraire. Tout de même, tant de petits objets, qui m'ont enchanté un jour (et parfois même une année), et je n'en finissais pas de les regarder et puis ils sont entrés dans l'habitude comme le jardin (qui nous semblait d'abord inépuisable). Que de morts sur nos murs, à nos vitres ! Que de momies qui ont été jadis des personnages actifs, agités, inquiétants et puis se sont fanés comme des feuilles. Qui sont devenus de simples idées comme d'autres. Mais non ! Pour cette fois j'avais préféré les dangers : fracasser la machine à écrire ou la brique gravée, flanquer la pendule à terre, gâter à jamais la bonne opinion que ma femme, je suppose, a de mon adresse (ou qu'elle devrait avoir).

Je les avais digérés ; et simplement dans la suite j'avais dû les rendre. Il m'avait fallu à mesure les reconnaître l'une après l'autre des doigts et du corps entier, et, si j'avais eu à raconter mon voyage, ç'aurait été en parlant de pouces, de pieds et de coudées : la bibliothèque, par exemple, était à deux pas de la cheminée, la brique gravée à une main du rebord, et la première pile de livres, à deux doigts (environ) de la brique. Bien. Je n'avais d'abord regardé la brique ou les livres que pour les atteindre ensuite. Je ne les avais pas vus comme un homme se met à la fenêtre et regarde le paysage. Non. Je ne contemplais pas l'espace de mon atelier. Il ne me suffisait pas du tout d'en avoir l'idée (c'était bon naguère pour la pendule ou l'armoire). J'y étais tombé. Je m'y trouvais pris. Je le réalisais, comme on dit (comme on a peut-être tort de dire). J'y adhérais (avec une sorte d'enthousiasme ou d'ivresse sacrée). C'était le contraire d'un rêve, c'était à l'opposé d'une pensée : non pas l'un de ces espaces fluides et qui s'approfondissent à mesure ; non, parfaitement opaque et volumineux ; et moi, non moins volumineux que lui ni moins opaque. Exactement de même race. Pris dans la même gelée. Et peut-être qu'un voisin qui m'aurait vu (très vaguement) se fût demandé quel était ce drôle de fantôme, qui circulait à ces heures-là. Mais moi, c'était tout le contraire. Il me semblait que j'avais été fantôme jusqu'à ce jour-là. Que je venais seulement de devenir réel ; que j'avais existé sans tout à fait vivre. Que j'avais hanté (d'ailleurs avec plaisir) ce grand atelier, plutôt que je ne l'avais habité. Comme si mes sens n'avaient guère servi jusque-là, en quelque sorte jouant à l'envers, qu'à me séparer des choses. Et je me disais : « Petit étourdi. » Mais voilà qui était bien fini. La rupture avait eu lieu. A présent, je me trouvais dans le coup. Le coup, ce n'est pas une façon de parler. J'étais comme un artilleur qui choisit, entre des maisons lointaines, celle qu'il va toucher et commence par les peser de l'œil, et vise parfois une place qu'il ne distingue même pas ; ou mieux, comme un explorateur dans une grotte, qui doit avancer, mais surtout veiller à ses pieds et à sa tête. Et je comprenais soudain pourquoi les natures mortes s'appellent, en espagnol, des *cavernes*. Cependant mes espaces intérieurs à leur tour se voyaient transformés : comme s'il m'était poussé dans la nuque des yeux, dans le dos des antennes, toutes prêtes à me guider, s'il me fallait faire un bon en arrière. (C'est alors que deux heures sonnèrent à la dernière pendule — à ma pendule transparente, justement. Ça, personne n'est jamais arrivé à l'empêcher de retarder, pas même Jean Arabia, et j'eus le sentiment — absurde — que j'avais avancé à l'envers.)

Remarquez encore que l'espace extérieur ne s'offrait à moi, à aucun moment, complet ni parfait. Au contraire, il se déroulait dans le temps, il m'arrivait par vagues successives (et je me défendais à chaque instant, pour ne pas m'embrouiller, de penser à la vague suivante : après le paravent flexible, à cette chaise à bout portant). Il était fait, si je peux dire, d'une suite d'ébauches — car je n'avais guère retenu de la chaise ou de la cheminée tout entière que la pointe, l'angle, le petit coin qui m'intéressait : celui que je risquais de heurter — moi-même tout épluché, réduit à quelque système de ressorts. Or ces ébauches se trouvaient singulièrement reliées entre elles, car l'angle du dossier, par exemple, tenait par trois ou quatre pouces à la première pile de livres où je posai la main. (Ici s'éleva un nuage de poussière qui manqua me faire tousser.) Il y a plus : chacune d'elles (et bien entendu l'ensemble — l'espèce de nouveau corps — qu'elles formaient) esquissait une forme géométrique. Je me voyais avancer entre des cubes et des sphères — entre des bribes de cubes et des lopins de sphères. (Et l'on en soupçonne aisément la raison : c'est qu'il m'avait fallu du premier coup, pour les retenir, réduire les formes trop diverses et confuses qui s'offraient à moi — ces cent mille formes, dont chacune est unique, fugitive et d'ailleurs sans gravité — à des figures précises et mémorables.) J'avais en quelque façon — transformé moi-même en compas — traité mon atelier par l'angle et la circonférence et simplement restait-il à m'accommoder de ces pointes et de ces rondeurs : à les faire servir à mon avance. (Ainsi le sculpteur transforme en œil telle tache du bois qu'il travaille et fait d'un nœud qu'il ne peut éviter le nez de son héros.)

Mais il y a plus encore. Ce n'étaient pas là de simples pointes et des ronds, des composés de lignes et de plans. Non. Chaque personnage de mon aventure se trouvait avoir sa vertu propre, irréductible à toute autre (et ses défauts, bien entendu — enfin, ses fantaisies, sa liberté). La commode était fidèle, mais distante ; la cheminée pointue, mais loyale ; la machine à écrire, pleine de hargne ; le paravent, compatissant (quoique peu sûr). Moi, j'étais entre eux comme un sauvage du fond de l'Amazonie, comme un primitif qui a pour la première fois affaire à un autobus, à une sonnette électrique, à une machine à laver, où il voit autant de petits dieux. Drôles de petits dieux. Mais il fallait bien passer par leurs caprices : par leurs miracles. Bref, l'espace où j'avançais m'était énigmatique, et me le fût demeuré, si je ne m'étais par chance, je l'ai dit, juste sur le point de m'endormir, rappelé la peinture moderne. Car tout y était : l'oubli des sujets distingués, jardin, pigeons de l'armoire, pendule (hélas !) artistique. Mais à la place, les objets communicants, le toucher qui remplace la vue ; et dans un coin quelque cube ou sphère ; mais la faille et l'écart, et les meubles familiers traversés de lézardes, rompus, réduits à des bribes : tout un monde soudain en rupture de ban.

Pourtant à ces bribes je croyais. J'y croyais en désespéré. Je m'y donnais. Jamais encore la brique, la machine et la commode ne s'étaient à ce point imposées à moi, ne m'avaient été à ce point présentes. Je ne leur demandais point du tout d'être élégante, ou neuve, ou bien gravée. Non, leur seule présence — leur personnalité, si je puis dire — me comblait.

Théophile Gautier écrivait de Courbet (en 1850 !) et Paul Claudel disait hier de Braque et de Picasso, qu'ils étaient des peintres d'enseignes, et même d'enseignes de foire. Va pour les enseignes. Et que veut dire une enseigne ? Elle ne prétend pas qu'il soit bon pour la santé de fumer ni qu'un veau à deux têtes soit un spectacle instructif. Non. Elle n'insinue même pas que le tabac dont il s'agit a bon goût, ni que le veau est particulièrement gracieux. Il ne s'agit avec elle ni de morale ni d'esthétique. Elle dit simplement : on trouve ici du tabac, on voit un veau à deux têtes. Tout ce qu'elle dit, c'est : « Il y a » (et même IL Y A !). Elle le dit brutalement, sans d'ailleurs le moins du monde chercher à rendre l'aspect véritable de la civette ou du veau. Elle n'a rien d'un trompe-l'œil. Personne ne la prendrait pour l'animal lui-même (et qu'est-ce qu'une civette a à voir avec du tabac ? Personne n'en sait rien. Un jeu de mots sans doute : quelque monsieur Civette, qui a mis un impôt sur les cigares). Si même elle n'était pas suspendue en l'air, on dirait plutôt un panneau signalisateur pour automobilistes. Mais quoi ! elle suffit bien, comme la bribe d'armoire, à nous convaincre.

Il y avait autre chose encore, mais qu'il est plus difficile — qu'il est impossible peut-être — de dire. Et en tout cas je n'y suis pas encore très bien parvenu. J'essaierai pourtant. Voici.

On a vu qu'il s'était produit, entre le monde et moi, dans cette petite équipée nocturne, un choc, puis une sorte de renversement. Je n'étais plus, comme à l'ordinaire, le héros de l'aventure. Je ne dominais plus la situation. Non, il n'était plus question d'aller et venir dans ma chambre en amateur, pour le plaisir. A ma place, c'étaient la table et la machine à écrire, la brique et l'armoire qui étaient venues sur le devant, les objets prenaient le dessus, il ne restait qu'à m'en accommoder. Ces objets arbitraires et triomphants, évidents comme un emblème ; présents comme peut l'être un cri, un appel une enseigne ; précieux, comme sont précieux à un naufragé la scie et le marteau qu'il a sauvés du naufrage. Si médiocres ou disloqués qu'ils fussent, sacrés.

Je m'en tire mal. Mais que faire, et comment m'y prendre ? Je ne puis pourtant dans ces pages éviter de dire — ou de laisser entendre — puisque c'est moi qui fais ce petit récit — que *j'éprouve* soudain ce prix des choses et cette présence accrue. Que telle est mon *impression*. Qu'ainsi va mon *sentiment* (et que c'est un drôle de sentiment), ainsi de suite. Or ce qui se passait était tout à l'opposé. Il s'agit en vérité de tout, plutôt que de *mon* impression. De n'importe quoi, plutôt que de *mon* sentiment. En quelque sorte, il fait partie de l'événement, c'est même son trait principal, que *mes* réflexions et *mes* idées, et jusqu'à la vue que *je* prends des choses et bien entendu la description que *j*'esquisse, n'aient rien à faire ici. Il efface ma pensée. Il n'existe pas, si je puis dire, en tant que je l'imagine. Non, mais bien au contraire en tant que je n'arrive pas à l'imaginer tout à fait. Il échappe aux idées que je me fais. Comme s'il était des aventures de l'esprit dont on pût être l'acteur, non le spectateur : de nature secrète, et telles que notre attention ne soit bonne qu'à les brouiller. Qui ne songerait ici à ces mouvements browniens, que suffit à dérouter le regard d'un observateur ? Et des toiles cubistes aussi, il me semblait confusément qu'un secret devait faire partie, qui tînt à quelque retournement de la situation : ainsi m'offraient-elles moins des distances à voir qu'elles ne me tenaient à distance. Laissons ces énigmes.

Je les laissai donc. Pourtant je ne pouvais si bien faire qu'elles ne continuassent, dans les jours suivants, à me poursuivre et m'agiter. « Que s'était-il passé ? » Et que penser d'une telle aventure ? Était-elle anormale ? Était-ce l'un de ces passages troubles et un peu insensés, comme il s'en produit parfois, et dont il ne reste qu'à se taire ? Ou bien l'événement de tout temps le plus normal qui soit — si normal qu'à l'ordinaire, le secret aidant, on ne l'aperçoit pas et qu'il avait fallu, pour me l'imposer, certaine préoccupation touchant la peinture. C'est ainsi que je m'interrogeais.

Ici je m'aperçus que la même interrogation et l'ambiguïté faisaient partie des tableaux cubistes. J'ai dit tout à l'heure qu'il s'était trouvé des critiques d'art pour nier qu'il existât une école moderne. Sans doute. Seulement, ce qu'il m'eût fallu ajouter — mais il n'est pas trop tard — c'est qu'ils la niaient pour des raisons exactement opposées. (Comme si la critique d'art tout entière se fût posé, sans parvenir à le résoudre, le même problème qui m'occupait.) Il est bien vrai que MM. Berenson et Venturi refusent l'école cubiste tout comme Mme Madeleine Rousseau et M. Mauduit. Mais Mme Rousseau et M. Mauduit, c'est parce que les dessinateurs et les peintures n'ont guère fait, à les entendre, depuis quarante mille ans que de la peinture moderne. C'est que les Ibères et les Sumériens, les Babyloniens et les Bochimans ont de tout temps représenté leurs femmes et leurs mammouths, leurs archers et leurs danseurs exactement comme les représentent Braque ou Miró : longue, respectable tradition où l'art grec, médiéval ou renaissant fait simplement figure de déviation passagère, de piteuse hérésie. Au lieu que MM. Berenson et Venturi ne voient guère dans le cubisme ou l'abstraction qu'une dégradation de l'art classique : un académisme un peu plus paresseux, incomplet, à peine ébauché ; à tout prendre inexistant. « On n'avait jamais encore vu ça », disent-ils avec dégoût. Mais les autres : « On n'avait jamais vu que ça », avec ravissement. Bref, ceux-ci ne veulent pas entendre parler d'École moderne, parce que l'école en question n'est pas, disent-ils, moderne (mais bien universelle, mais éternelle). Ceux-là, parce qu'elle n'est pas précisément une École. Or les arguments de Berenson comme ceux de Mauduit sont également pressés, cohérents, appuyés d'exemples et d'images, si plausibles qu'ils déplacent enfin le problème et qu'il s'agit moins désormais de savoir si le cubisme doit ou non être tenu pour valable, s'il est (comme mon aventure nocturne) normal ou anormal, mais ce qu'il peut bien être en soi pour donner naissance à des impressions si contradictoires. C'est comme un livre dont les uns nous disent qu'il est languissant, incorrect, monotone, mais les autres qu'il est émouvant, admirablement écrit, fertile en coups de théâtre ; les uns qu'il est inutilement bavard et répète en plus fade ce qu'on a lu partout ; les autres, qu'il nous révèle enfin ce que cherchaient à tâtons tous les poèmes et les romans passés. Mais nous, nous n'avons de cesse que nous n'ayons lu de nos yeux le livre dont il s'agit et percé son secret. Et du cubisme aussi, qui n'aurait déjà le sentiment qu'il doit bien avoir un secret : un sens simple. Simple comme peut être simple le sens de *L'Odyssée* ou de *La Divine Comédie,* le sens du romantisme ou de la Renaissance. Simple comme toute découverte.

Si la découverte était ou non souhaitable, s'il faut l'encourager (comme le veulent Madeleine Rousseau et Jacques Mauduit) ou bien l'envoyer au diable (comme Berenson ou Venturi), c'est une autre affaire. La découverte est là. Avec tous les sentiments qui accompagnent normalement une découverte.

Et d'abord cet extraordinaire sentiment de jeunesse. Comme si le monde commençait avec nous. Comme si nous étions un enfant qui a tout à apprendre. Il y a des moments où l'on s'aperçoit, bien sûr avec reconnaissance — mais c'est une reconnaissance mêlée d'agacement —, qu'on a tout de l'héritier. Que les travaux patients de tous les braves gens (et des méchants) qui nous ont précédés aboutissent à ce téléphone, à ces radiateurs, à ces maisons de pierre ou de ciment, à ces autos qui nous entourent. Mais à d'autres moments cette charge nous tombe du dos : il nous semble qu'il y a quelque chose de pas très bien compris, d'un peu accablant, de légèrement absurde dans le téléphone ou le radiateur. (Qu'est-ce qu'on ferait d'un radiateur dans le désert, d'un psychanalyste dans la forêt vierge ?) Alors nous sentons que les véritables inventions restent à faire, qu'elles sont tout près d'être faites. Plutôt que des héritiers et des arrière-petits-enfants, nous nous apercevons brusquement que nous sommes des ancêtres. Évidemment, de très jeunes ancêtres. Quelle joie de disposer à la fois de l'expérience de la vieillesse, mais de l'invention de l'enfance. Il était question tout à l'heure d'une rentrée des classes. Oui, mais ce qui gâte à l'ordinaire les rentrées des classes, c'est que les grandes personnes savent déjà ce que nous allons apprendre (et on ne voit pas que ça les ait tellement changées). Au lieu que nous voici au bord de la découverte, qui va transformer le monde et la vie. C'est du moins là ce que nous laissent entendre tant d'oublis et de refus, de bribes et de lézardes, tant de tableaux pour aveugles, et la singulière aventure que j'ai menée dans la nuit. Cependant, quelle sorte de découverte, et — j'y reviens — de quel nom la nommer ? C'est un nom un peu prétentieux, et j'aurais préféré l'éviter. C'est une sorte de connaissance, qui passe couramment pour difficile, et peut-être pour absurde. Par chance, c'est sous une forme tout à fait simple qu'elle s'impose à nous. Remarquez qu'il s'agit seulement des idées que se font les peintres modernes, et nous à leur suite. Il ne s'agit que d'une préoccupation commune ; si l'on aime mieux, d'une opinion. Quoi de plus familier, quoi de plus inoffensif qu'une opinion !

De quel nom cependant la nommer, sinon précisément *surnaturelle* (puisqu'elle passe la nature et la met tout entière en jeu), puisqu'elle ne concerne pas moins la maison que l'arbre, la caisse ou la fleur — et même le détail de la fleur ou de la caisse, et le détail de ce détail, ou — c'est ici tout un — *métaphysique* (puisqu'elle suppose le monde physique, et vient après lui). Peut-être même est-ce là *le* souci métaphysique par excellence, celui qui porte tous les autres et sans lequel ils ne seraient pas.

L'homme de la rue se plaint volontiers que les philosophes aient la rage d'embrouiller les choses les plus simples. « Que me font, leur dit-on, vos substances et vos essences, vos formes et votre matière, vos en-soi et vos pour-soi ! Nous ne souhaitons de vous, tous tant que nous sommes, qu'une réponse à la question la plus élémentaire qui soit : " Que faisons-nous dans ce monde ? Pourquoi sommes-nous sur cette terre ? A quoi bon tant de douleurs et d'efforts ? (Tant de plaisirs aussi.) Si vous tenez la réponse, qu'attendez-vous pour nous la donner ? Et si vous ne la tenez pas, que nous importent vos arguties ? " »

Il se peut. Pourtant, je vois une question plus élémentaire encore que pose à tout instant le sens commun. C'est une question préalable, si grave que tout autre problème — et celui-là même que l'on vient d'évoquer — peut bien paraître à côté d'elle superficiel.

« Et si nous n'étions pas sur terre ? Et si le monde ne nous était pas donné ? S'il n'était qu'un rêve, un mirage que nous formons ? S'il n'existait *rien* ? » Ce sont là d'étranges, de pressantes questions, au prix desquelles tous les « pourquoi » du monde et les « à quoi bon ? » ne semblent plus soudain que des prétextes. D'ailleurs, parfaitement banales et, si je peux dire, populaires : plus d'un soldat à la guerre se répète à tout instant (et peut-être est-ce l'une des meilleures façons qu'on ait trouvées de supporter la guerre) : « Qu'importe, puisque tout cela n'est pas vrai. Puisque les généraux et les obus, les sergents et les balles, tout ça n'existe pas ! » Il arrive qu'un métaphysicien, un poète, un philosophe, un simple romancier, dans l'espace de quelques années, se les posent. Et notre univers n'est pas si assuré qu'un mot de Berkeley, de Benjamin Constant, de Rimbaud, ou de Schopenhauer [1] ne le fasse trembler

1. Je songe — est-il besoin de le dire ? — aux quatre phrases — tout à fait exactes ou non, il importe assez peu — par les lesquelles Berkeley, Constant, Rimbaud, Schopenhauer sont entrés dans les conversations — ce serait peu,

sur sa petite tige. Non, je ne cherche pas à résoudre d'aussi graves problèmes. Je ne sais même pas s'il est possible de leur trouver une solution, s'il n'est pas absurde — s'il n'est pas maladif (comme le prétendent d'autres philosophes, comme le soutiennent en tout cas les psychiatres) — de les poursuivre. Tout ce que je vois — mais je le vois bien —, c'est qu'ils font partie des préoccupations où nous jette d'abord la peinture cubiste ; c'est qu'ils sont de cette peinture la part cachée et comme le soubassement.

Il y a des gens qui acceptent ça tranquillement, ils se rendent aux expositions de tableaux modernes d'un cœur égal, sans que les dents leur claquent. Moi pas. Il est vrai qu'il en est d'autres que ces mêmes tableaux précipitent dans l'horreur, dans l'hilarité ou le blasphème, dans le refus à grands cris (mais c'est aussi là, dira le Peau-Rouge, l'un des effets du sacré, qui est ambigu, comme chacun sait). Un critique aussi bien élevé que M. Baschet, s'il vient à traiter d'art moderne, aussitôt ne se possède

---

dans les préoccupations — de tous les jours : « Le monde extérieur est une idée que nous nous faisons... Je ne suis peut-être pas un être tout à fait réel... Peut-être que nous ne sommes pas au monde... Le monde est notre représentation... » Mais j'en pourrais citer cent autres, qui vont du roi Milinda, dans l'Inde, au philosophe Ivanov, écrivant dans sa petite chambre : « Il est évident que le monde extérieur n'existe pas ; ce n'est qu'un rêve ou une illusion. »

plus : en trois lignes, il lui faut parler d'enfantillage et de supercherie, de gâchis et de divagations, de nus abjects et de visages saccagés [1]. Il pousse bien d'autres cris, dans sa sainte horreur. M. Jean-Louis Vaudoyer, pourtant si délicat, tient que l'artiste moderne « outrage la création et la créature » et jette l'esprit « du contemplateur dans un sentiment de tristesse qui bientôt décourage les yeux, dépite l'esprit et appesantit le cœur [2] ». Il ajoute tristement que le peintre cubiste « se délecte cérébralement d'un espace rigoureusement abstrait ». Un artiste aussi raisonnable que Dunoyer de Segonzac affirme qu'avec l'art moderne « le monstrueux, l'illisible et le baroque sont devenus des formules officielles [3] ». Même un critique aussi subtil que M. Wladimir Weidlé va jusqu'à dire que « pas une époque n'avait conçu l'idée d'une floraison aussi énorme d'impostures, de mensonges, d'absurdités et de faux-semblants [4] ». (Mais s'agit-il bien d'une idée ?) Revenons à notre espace.

1. *Pour une renaissance de la peinture française*, 1946.
2. « Vénus ou Nini », *La Revue de Paris*, septembre 1955.
3. *Autographes français*, n° 3.
4. *Les Abeilles d'Aristée*.

IV

UN ESPACE DONT ON N'A PAS IDÉE

Si l'espace visuel est supérieur à l'espace tactile, c'est parce qu'avec un peu de bonne volonté on peut lui donner trois dimensions.

Henri POINCARÉ,
Dernières pensées, III, 3.

Il est une pensée de Pascal, célèbre, mais laconique, et les critiques s'obstinent bizarrement à la comprendre de travers Faut-il prêter des sottises à qui n'était pas sot ? Pascal (ni personne) n'a jamais supposé que la peinture en général fût vaine parce qu'elle imite l'apparence des objets Il a voulu dire — et il a très précisément dit — qu'était vaine *la* peinture — la *sorte* de peinture, l'*espèce* particulière de peinture — qui se contente de l'apparence et du trompe-l'œil : « Quelle vanité que la peinture qui attire l'admiration par la ressemblance de choses dont on n'admire point les originaux [1]. » D'où suit logiquement qu'échappe à la vanité la peinture qui *n'attire pas* l'admiration par la ressemblance. Somme toute, Pascal préfère une peinture pas trop ressemblante. Il veut se débarrasser, lui aussi, des nénuphars et des fausses fenêtres. Il appelle la peinture moderne. Et sans doute tient-il à marquer du même coup la vanité de l'homme, prêt à admirer dans la

1. On fait de cette pensée le plus souvent une citation inexacte, propre à en fausser le sens. Pascal n'a pas écrit : « La peinture [virgule] qui... » (comme s'il était d'abord question de toute peinture, de la peinture en soi). Non, il a écrit : « La peinture qui... » (Or Pascal dans ses manuscrits use et abuse des virgules.) Il n'a pas écrit non plus : « ...la ressemblance *des* choses... » — comme s'il s'agissait de n'importe quelle chose, objet ou personnage du monde. Non, il a écrit le partitif : « *de choses...* », ainsi marquant doublement qu'il s'agit de l'espèce particulière de peinture qui reproduit fidèlement une certaine espèce d'objets. Peut-on plus précisément désigner le trompe-l'œil ? cantonné dans ses fausses fenêtres, faux placards, dessus de table, coupe-papier, images encadrées, loupe, lettres ouvertes. Le *trompe-l'œil* est en tout cas seul à répondre à la définition. Ajoutez enfin que s'il s'agissait de n'importe quelle peinture la pensée serait purement absurde : il ne semble pas que l'homme du dix-septième siècle ait jamais marchandé son admiration, *dans la réalité,* aux dieux, aux rois, aux héros et aux compositions solennelles que lui montrait la peinture classique. L'homme de tout temps aussi bien se plaît à retrouver dans ses tableaux préférés la copie des sujets qu'il admire. Le marin préfère les marines, le guerrier les tableaux de bataille et le libertin les dames nues.

copie ce qu'il n'admirait pas dans l'original. C'est en quoi il répète à sa manière ce qu'ont dit les philosophes de tous les temps — et, bien entendu, ce que pense le sens commun. Hsieh Ho condamne sévèrement « la copie des apparences » ; Platon, qui conseille aux peintres, dans le *Philèbe,* d'user le plus possible de formes géométriques « qui donnent le sentiment de tourner et se mouvoir », leur ordonne, dans *La République,* de « fuir la perspective, et autres trucs de charlatan ». Plotin vomit « l'imitation pure et simple ». Le Coran dit qu'au jour du Jugement on commandera aux peintres, afin de les punir de leur prétention, de donner tout à fait la vie aux personnages et aux animaux qu'ils ont représentés. Que s'ils n'y parviennent pas, en enfer ! (Ils n'y parviendront pas.) Baudelaire décèle dans la « copie des apparences » de tels dangers — oubli du juste et du vrai ; passion du beau, du joli, du pittoresque ; désordres monstrueux et inconnus — qu'il en vient à comprendre et « excuser la suppression de l'objet [1] ». Pourquoi, et que veulent-ils dire ?

Ceci d'abord : c'est qu'un art de simple trompe-l'œil est, plutôt qu'un art, une amusette, bonne tout au plus à renseigner le public sur les dernières découvertes de l'optique. Cela se fait mécaniquement, et l'âme ne s'y sent pas le moins du monde engagée : plutôt alarmée, quand elle voit au théâtre, au cinérama ou tout simplement dans les vues d'optique

1. *L'Art romantique.*

et le stéréoscope *un peu plus* de relief qu'elle n'en distingue dans le monde (en sorte qu'elle finit par douter s'il y a là quoi que ce soit de véridique). Qu'un artiste peigne des insectes si ressemblants que les singes viennent les croquer, évidemment c'est drôle, mais ça ne va pas beaucoup plus loin. (Il est bien d'autres pièges où prendre les singes.) Cela se fait, à coup sûr, sans le moindre génie. Personne n'en a plus d'estime pour le peintre, ni moins pour les singes. La toile qui représente mon bureau avec son sous-main (sans oublier les taches d'encre), les papiers en pagaille et les lunettes par-dessus les papiers, la montre accrochée au classeur et les deux stylos, peut bien être ressemblante à crier. Mais enfin j'ai déjà le bureau, ça me suffit. Il y a même pas mal de moments où j'en ai trop d'un bureau, où j'en ai par-dessus la tête. A quoi bon ce double, où je n'ai même pas chance de retrouver la lettre que j'ai égarée le mois dernier ? Quoi ! Où je ne songe pas un instant à la chercher — et le moins qu'il faille dire des trompe-l'œil, c'est qu'ils ne trompent pas l'œil. Là-dessus, il me semble que tout le monde est d'accord. Mais à quoi tient précisément la vanité, et qu'est-ce qu'un trompe-l'œil ?

C'est un tableau qui tente de faire oublier sa qualité de tableau — ou de bien établir du moins qu'il *pourrait* la faire oublier ; qui commence par conserver aux objets qu'il figure leur exacte dimension (d'où vient que le nombre de ces objets se trouve fort limité. Le trompe-l'œil peut bien représenter un presse-papiers, mais non une montagne ; un camée, mais non la figure d'une femme réelle ; une puce, mais non un éléphant). Qui fait volontiers choix, pour les reproduire, d'images, de gravures et de tableaux, où joue *déjà* l'imitation du relief : devenant ainsi la perspective d'une perspective. Qui use d'une exécution fondue, invisible, où la main du peintre ne se trahisse pas. Qui évite de nous émouvoir et n'a point d'unité ni de sujet autre que la simple ressemblance, en sorte que l'esprit personnel du peintre, sa fantaisie, ses passions ou sa foi ne s'y montrent pas plus que sa main. Il y a plus encore.

Le trompe-l'œil ne se contente pas de mimer l'espace qui sépare les uns des autres les objets représentés. Il tâche encore, à la façon de certains films en relief, de suggérer au spectateur l'espace qui le sépare de la toile. C'est ainsi qu'il lui montre, devant l'objet rare, vase précieux, mappemonde, simple sous-main, qui fait son principal sujet, un coin de la draperie qui le recouvre et le protège à l'ordinaire de la poussière et des regards, ou bien encore les plus hautes marches qui permettent d'accéder à la plate-forme où il se trouve exposé. Il s'agit de compromettre ce spectateur, de le faire entrer dans le jeu, et toutes les astuces y sont bonnes : cependant l'amateur de son côté multiplie autour du trompe-l'œil les pièges et les passages, dispose sur la cheminée où il se trouve exposé les mêmes cartes à jouer dont le trompe-l'œil offre l'image, le cendrier qui répond à la cigarette à demi consumée, la loupe qu'appelle une miniature ; ainsi redoublant de tous côtés le jeu d'une perspective qui ne connaît plus d'obstacle, se montre désormais à l'état pur, et trahit clairement son défaut.

Quel défaut, et qu'est-ce enfin que la perspective ? Il suffit d'ouvrir les dictionnaires. C'est la déformation, dit l'un ; l'autre : le système de déformations, et le dernier : l'ensemble de différences — qui séparent la forme apparente d'un objet de sa forme réelle [1]. Ainsi s'agit-il, pour le peintre, de prendre contre les choses le parti de leur apparence et c'est à juste titre que les traités appellent à l'ordinaire la perspective : *science des aspects* — entendez à la fois des aspects de la nature et des images qui les évoqueront sur la toile. On lui donne un autre nom encore plus précis. Car le tableau est une surface plane à deux dimensions : largeur et hauteur. Or l'espace que nous voyons, si l'on en croit les géomètres, en a trois : largeur, hauteur et profondeur. Il s'agit donc pour le peintre de rendre cette troisième dimension : de l'interpréter, et la perspective sera la *science de l'interprétation* [2]. On sait de quelles lois « intéressantes et admirables [3] » elle use à cet effet. Admirables, je veux bien. En tout cas, parfaitement simples, et fondées sur une illusion élémentaire.

1. *Cf. Dictionnaire de la vie pratique et des beaux-arts*, article *Perspective*.
2. P. Olmer, *Perspective artistique*, introduction.
3. Charles Blanc, *Grammaire des arts du dessin, Peinture*.

Celle-ci : c'est que les objets lointains nous paraissent plus petits que les objets proches de nous. Si l'on aime mieux : c'est qu'un objet donné paraît diminuer à mesure qu'il s'éloigne.

D'où suit que, dans un même objet, la partie la plus éloignée, alors même qu'elle est rigoureusement égale à la partie proche, nous semble moins grande. Une maison qui a dans la réalité la forme d'un cube prend ainsi l'aspect d'un parallélépipède rectangle.

Remarquez là-dessus que les lignes horizontales de la maison n'ont pas changé de nature ; n'ont pas varié : elles sont toujours horizontales (évidemment, un peu plus courtes). Les lignes verticales non plus : toujours verticales. Il n'en va pas de même des lignes parallèles qui s'éloignent du spectateur : elles ont cessé d'être parallèles, mais, par l'amenuisement de la distance qui les sépare, elles semblent se rapprocher progressivement jusqu'à se rejoindre au loin.

Telles sont les illusions — telle est l'illusion qui suffit à la perspective pour former ses lois. Car si l'effet normal de la distance est de raccourcir les objets et de confondre les parallèles, il suffira au peintre, à l'inverse, de confondre les parallèles et de raccourcir les objets pour donner au spectateur le sentiment du lointain, et lui montrer la profondeur désirée. C'est une profondeur qui semble fort bien trouer la toile, et du même coup le mur auquel la toile est accrochée. Cette illusion, la perspective va la codifier ; elle en nomme les effets par le détail : appelant *point de fuite* l'endroit où semblent se rejoindre les parallèles, *ligne d'horizon* la ligne imaginaire située à la hauteur de nos yeux, où se pose ce point de fuite [1] ; *ligne de terre,* la base du tableau ; *point de distance,* le point où viennent aboutir les diagonales du tableau ; *point de vue,* la place d'où le spectateur distingue l'ensemble du paysage qu'il veut rendre : le *géométral.*

Voilà donc les éléments qu' « il suffit de grouper pour obtenir de jolis tableaux [2] ». De ces tableaux nous soupçonnons déjà l'allure générale et, si je peux dire, l'idéal. Ce sera — puisque l'art du peintre va consister à multiplier les parallèles et enrichir d'autant le point de fuite — l'image d'un grand cube où nous serions enfermés et dont ce point de fuite ferait le centre.

C'est à quoi tient le goût des peintres classiques pour les grandes salles majestueuses ou les jardins entourés de colonnades [3].

Ajoutez qu'à l'intérieur de cette boîte — le même problème se posant pour tous les objets que l'on considère — ces objets se verront pour commencer

1. La perspective souffre plus d'une exception : il arrive que le point de fuite se place au-dessus de la ligne d'horizon, ou tout au contraire au-dessous (suivant que la route, par exemple, dont on trace l'image, se trouve monter ou descendre).

2. R. L. Lambry, *La Perspective.*

3. Deux exemples parfaits seraient, de Raphaël : *L'École d'Athènes* et, de Poussin, *Les Cendres de Phocion.*

transformés en cubes [1], d'où n'émergeront que lentement l'arbre, la rivière ou la femme. Aussi bien soupçonnons-nous à présent les raisons de la dignité que la perspective confère à ce cube. Car il s'agit avant tout pour le peintre de suggérer sur sa toile la troisième dimension. Or le cube est entre toutes les figures la mieux propre à jouer ce rôle, s'il nous montre à la fois, dans l'image courante que l'on en trace, sa hauteur, sa largeur et sa profondeur, en sorte que nous croyons en voir d'un seul coup d'œil les six faces. Encore faut-il que le peintre accepte ici de se soumettre à quelques autres lois : à toute une rhétorique.

C'est une rhétorique inflexible qui n'est pas sans rappeler les règles du théâtre classique. Comme ces règles, elle tiendrait assez bien en trois points, dont l'un a trait au spectateur, le second à l'objet, le dernier à la lumière qui révèle au peintre son sujet et forme en quelque sorte le lien du spectateur au spectacle. Il faut d'abord que les objets y soient considérés d'un point fixe, le *point de vue,* et que le spectateur en conséquence demeure immobile ; il faut ensuite, on vient de le voir, que l'objet soit traité comme s'il tenait dans un cube ou du moins dans un parallélépipède régulier, réductible en cube ;

1. *Cf.* « Tout corps, quel qu'il soit, pouvant être enfermé dans un solide simple dérivé du cube, présente, comme le cube, autant d'aspects qu'il peut occuper de positions et de situations dans le champ visuel du dessinateur » (Pierre Olmer, *Perspective artistique,* § 324 *sqq.*).

il faut enfin que la lumière qui l'éclaire provienne d'une source unique — d'une seule fenêtre, disait Léonard de Vinci.

Il n'est trop rien dans ces règles qui soit fait pour nous surprendre. N'était la fixité de l'œil, les objets changeraient à tout instant, pour le peintre, de forme et paraîtraient changer de matière. N'était l'unité de lumière, son œil se verrait sollicité de tous côtés à la fois. N'était enfin la réduction au cube, il se perdrait dans le détail infini des arêtes, des grains et des traits. Or le tableau, à bien plus forte raison que le drame ou le poème, exige un sujet qui se laisse embrasser d'un coup d'œil, car le lieu dont il dispose est immuable, et l'action immédiate. Mais enfin l'habitude seule ou les conventions nous peuvent retenir de juger artificielle et fausse l'œuvre qui s'ensuit. Il est sans doute exact, comme le veulent les grammairiens de l'art, que chaque corps — soit, bien entendu, cône ou sphère, soit meuble ou vase, soit même chêne ou cheval — supporte d'être enfermé dans un cube, qu'il gagne à cette opération la précision et comme la mise en valeur définitive aisée à voir, facile à reproduire, de son relief et qu'enfin « l'enfant qui a su reproduire un cube possède en abrégé la science entière du dessin [1] ». Mais ce qui nous intéresse et nous touche dans un corps ou dans un arbre, et jusque dans un fauteuil, ce n'est pas qu'ils ressemblent à des parallélépipèdes, c'est qu'ils

1. Charles Blanc, *Grammaire des arts du dessin*, p. 535.

n'y ressemblent pas. Ce sont leurs penchements imprévus, leurs saillants, leurs fuyants, leurs surprises. Valenciennes veut que le peintre, pour ne point oublier un instant son devoir, tienne en main un petit cube de papier qu'il « place alternativement, devant tout objet nouveau, en face, au-dessus, au-dessous et aux côtés de son œil [1] ». Et je distingue trop dans maint tableau célèbre — faut-il citer Véronèse ou Raphaël ? — les traces, les fâchcuses traces, qu'a laissées ce cube en papier. (Mais la joie de la vue, c'est un œil nu au contact d'objets nus.) On rencontre, à chaque page des traités de perspective, ces prisons modèles peuplées de cubes dont les uns se présentent de face, les autres de front, de trois quarts, de deux tiers et le reste [2]. Cela fait les plus tristes ménageries que l'on puisse imaginer. Lâchez-les dans la nature, habillez-les de brocart et de soie, de feuilles et de pierre, de chair et de sang, rien n'y fait, vos cubes n'oublieront jamais leur prison. Vous aurez beau, comme c'est la coutume, les agrandir ou les réduire à l'aide de vos quadrillages. Ce petit travail s'appelle la mise au carreau. C'est un mot qui évoque des tortures, et l'on ne saurait mieux dire : il s'agit bien de martyriser lignes, couleurs et surfaces planes jusqu'à ce qu'elles donnent l'illusion de la profondeur, on ne sait quel équivalent mesquin de l'infini. Et les jardi-

1. *Cf.* Valenciennes, *Éléments de perspective pratique.*

2. *Cf.* Pierre Olmer, *Perspective artistique,* II, où l'on trouve en abondance de telles prisons.

niers donnent très justement le nom de *perspective* à une disposition de planchettes qui fait croire le promeneur à une allée qui n'y est pas.

Laissons la lumière simple. J'en vois certes l'avantage : c'est que les ombres qui proviennent d'une seule source sont propres à nous renseigner par leur dégradation sur la distance qui nous sépare des objets choisis, et sépare entre eux ces objets. Elles font pour l'œil cette distance. Reste qu'il est infiniment rare, dans la réalité, de rencontrer une telle lumière. Nous nous déplaçons à l'ordinaire dans une sorte de bain lumineux fait de cent clartés, dont les unes sont directes et les autres reflétées. Et je ne puis regarder une devanture, ou lire à ma table, sans que le soleil, la vitre, une glace, un encrier, un pot de colle, le verre d'une montre, un papier brillant opposent ou confondent à mes yeux leurs lumières. Winckelmann raconte, dans ses *Remarques,* que les jeunes filles romaines ont grand soin de se montrer à leurs fiancés dans la rotonde du Panthéon où le jour ne pénètre que par une ouverture percée en haut de la voûte. C'est se donner bien de la peine pour avoir l'air d'un portrait.

Or la perspective veut encore que les arbres, les maisons, les fleurs et les femmes qu'il s'agit de représenter, une fois transformés en autant de petits cubes et soumis à une lumière simple, soient regardés d'un point fixe. Ainsi le spectateur dans la perspective n'est pas mieux traité que l'objet. On exige qu'il s'arrête : tellement épaté (faut-il croire) par la sirène ou le président qu'il en reste figé sur place, hagard, halluciné. Or nous allons et venons les trois quarts du temps — et même si nous ne marchons pas, nous bougeons, nous remuons les mains, nous penchons la tête à droite et à gauche et même si nous ne la penchons pas nous avons envie de la pencher. Les savants disent que si la tache noire de notre rétine ne se projette pas sur le monde pour l'assombrir, c'est que notre œil n'arrête pas de s'agiter [1]. Ils ajoutent que si les objets du monde s'offrent à nous clairement, c'est à la faveur d'une autre tache de la rétine, la tache jaune, dont nous n'usons pas avec moins d'agilité. Si même notre œil, par l'effet de quelque paralysie, demeurait fixe, et notre tête figée, encore nous resterait-il d'imaginer que nous les agitons. La pomme ou la pipe ou la fille (ou le garçon) dont nous avons envie nous semble au bout de nos doigts. Mais le pied de la table, mais la cheminée ou le mur n'importe où, nulle part. Or l'envie, le souci, le désir, bref les émotions font partie de notre vue. La table vide, devant laquelle tu es assis, se montre à toi, non comme le rectangle qu'elle est, comme un trapèze dont le côté le plus lointain est le plus court. Soit. Mais que la table porte à l'autre bout les livres, le vase, la statuette qui t'intéressent, et ne fût-ce que ton déjeuner — bol, sucre et brioche —, le trapèze aussitôt se renverse (comme

1. Ou plutôt ils l'ont dit. Ils en semblent moins sûrs aujourd'hui. Du moins les mouvements continuels de l'œil ne sont-ils pas discutables.

dans certains tableaux hindous et chinois), la table s'épanouit comme un éventail, et c'est le côté le plus éloigné qui devient le plus grand. Nous assistions au paysage ; nous voici mêlés à lui, transportés du dehors au-dedans, tout insérés dans les choses.

Un monument ou un homme célèbre nous paraît plus grand qu'il n'est en réalité. L'enfant est surpris et comme vexé, quand on tente de lui faire croire que Napoléon était petit. Et l'on sait que la lune à son lever que nous voyons plus grande non seulement n'est pas en réalité plus grande, mais ne nous le *paraît* même pas (dont on s'assure assez bien en la mesurant). On sait aussi que la vision brute nous ferait voir (à la façon d'une photo) les objets proches bien plus gros, mais les lointains bien plus petits que ne les montre une vision utilitaire, à tout instant rectifiée par notre esprit. Bref s'il est une vérité de la vue, la perspective ne semble guère avoir d'autre propos, par ses conventions et ses idées toutes faites, que de nous masquer cette vérité. J'ai dit — avec tous les perspectivistes — qu'elle prenait, contre les choses, le parti de leur apparence. Mais c'est peu dire. Elle prend encore, contre leur apparence immédiate et sensible, le parti de leur apparence abstraite et froide, et traite tous les objets du monde comme s'ils ne nous intéressaient pas. Il n'est trop rien enfin dans la perspective, dont nous ayons lieu d'être fiers : c'est comme l'addition ou la multiplication. On a toujours su, ou l'on a soupçonné, que les automates s'en tireraient mieux que nous — en tout cas, sans ennui. Encore la machine à calcul a-t-elle été longue à trouver. Au lieu que les machines à perspective précèdent en général la perspective. Ce sont les marqueteries savantes avec leurs faux placards et niches illusoires. C'est la boîte d'optique d'Alberti, c'est le petit appareil de Brunelleschi, vers le début du *Quattrocento,* qui rend à une image du baptistère de Florence, par un jeu savant de miroirs, de fentes et de plateaux, le relief du baptistère lui-même [1], et peut-être un peu davantage. C'est aussi la vitre dressée de Vinci ou de Dürer sur laquelle il suffit au peintre — l'œil sévèrement collé à l'œilleton d'une tringle — de calquer (comme un enfant copie sa carte de géographie) les points et les lignes et les contours du motif qu'il s'est proposé, pour obtenir dans son dessin le même relief qu'il verrait sur la vitre. C'est encore la chambre claire, qui couche sur notre papier la même vue qui nous venait de la vitre : il suffit dès lors d'en suivre les traits du bout du crayon. Plus tard, apparaîtront les perspecteurs,

1. Brunelleschi d'ailleurs n'hésite pas, pour parfaire son image, à faire appel au ciel véritable, et aux nuages réels : « Et ce qu'il y avait de ciel à peindre dans ce petit panneau d'environ une demi-brasse carrée, pour que les édifices du tableau se détachassent bien dans l'air, était fait d'argent bruni, afin que l'air et la diversité des cieux naturels pussent s'y refléter de même que les nuages que l'on peut ainsi voir passer sur cet argent lorsque le vent les pousse » (*Vie de Brunelleschi,* écrite par un auteur anonyme contemporain). *Cf.* Pierre Francastel, *Peinture et Société,* p. 19.

perspectographes, philographes, metteurs en place, tous offrant également « le moyen de tirer un paysage ou de copier un tableau sans savoir dessiner et sans voir ce que l'on fait [1] ». Plus tard encore, les vues d'optique, la photographie, le stéréoscope (et l'on ne se retient pas de penser qu'un aspect des choses qui se livre aussi aisément n'a rien de très sérieux).

On dirait parfois que la perspective en a conscience. Elle s'accompagne, dès Vinci, d'un long ricanement. C'est qu'il suffit de la pousser à bout en faisant légèrement varier la place du point de distance pour obtenir avec l'anamorphose (ou *perspective secrète*) les plus curieuses déformations d'un tableau dont le sujet se montre et tout aussitôt disparaît comme par enchantement. A la place d'une mer agitée, voici un portrait de Charles Quint ; une scène érotique au lieu d'un champ de blé. Il y suffit de regarder l'image non plus de face, mais de profil, de biais, par la tranche. Et l'os de seiche qui sépare, au premier plan, les majestueux *Ambassadeurs* de Holbein, flanqués de leurs mappemondes, violons, tapis d'Orient, livres et luths, devient, pour le spectateur qui se retire, la tête même de la mort qui menace les Arts et les Sciences, et même les Ambassadeurs majestueux. Telle est, dit Barbaro, la plus belle et secrète partie de la perspective. Elle nous place en tout cas devant une alternative : ou bien les lois perspectives nous trompent, et ne méritent

1. *Notice* du « Perspecteur Servières » (1625).

que l'oubli ; ou bien, si la perspective est réellement « l'âme et la vie des tableaux, par où la peinture coïncide avec la vérité des choses [1] », le monde apparent n'est qu'une illusion et qu'un songe. Ainsi l'entendaient les minimes qui dessinèrent aux murs de leur cloître, où les vit Descartes, mainte et mainte anamorphose.

Or il est vrai que les Renaissants et les classiques usent largement, et sans honte, d'une perspective à ce point mécanique et conventionnelle, mais c'est qu'ils nous la font oublier aussitôt : soit que la main du peintre s'y montre avec évidence, ou que les objets y soient plus grands, plus petits (ou encore plus nombreux ou plus inhabituels) que nature, et la séparation d'avec notre monde nettement marquée. Soit encore que la scène figurée y soit d'une gravité propre à nous détourner de tout autre souci. Que ce soit le *Christ en Croix* ou *l'Enlèvement des Sabines, Les Bergers d'Arcadie* ou la *Bataille de Buzenval* ; qu'il s'agisse, plus loin, de glorifier l'homme — l'homme tout nu, l'homme apparent (comme les Grecs, comme certains renaissants, comme David ou Courbet) — ou tout au contraire de l'humilier devant le divin (comme Raphaël ou les Byzantins), ce sont là autant d'événements propres à nous faire réfléchir, à nous émouvoir, à nous distraire du trompe-l'œil. Metteur en scène de drames ou de ballets, poète, prédicateur, moraliste,

1. *Perspective pratique* (1612).

le peintre classique n'arrête pas de nous dissimuler ses astuces de peintre. Le sujet lui sert d'excuse et de modestie.

Soit. Mais l'on imagine une autre défense qui s'en prenne, elle, au mensonge même du trompe-l'œil : à l'espace de convention dont il use, à la tringle à laquelle il colle notre œil, à la prison de verre où il tâche astucieusement de nous enfermer — à ce qu'il y a, en lui, de faux par essence. Je reviens à mon aventure.

Elle me rappelait à l'esprit mille espaces, non moins dispersés et incertains — pour la vue, sinon pour le cœur — que celui de cette nuit-là. Par exemple, cette douleur sourde au ventre, qui avait fait croire un premier médecin à l'appendicite, un second à quelque irritation du foie, un troisième à une stase de l'intestin ; la douleur s'en était allée, me laissant cette menace voyageuse. Ou bien encore ces vertiges, ces singulières montées et descentes, ces vols qui se passent en rêve. Je songeais à d'autres confusions, extérieures celles-là, à ces mille espaces dont nous jouons à tout instant : tantôt regardant de l'œil gauche seul, puis de l'œil droit, et puis nous amusant à combiner ces deux vues. Et il arrive que l'un des doigts que nous posons devant notre figure nous devienne transparent, n'étant plus qu'un léger nuage rose que délimitent deux fils, à travers lequel je distingue la table, la chaise, le chat familiers ; ou bien encore que le doigt que nous cessons de fixer se dédouble. Ainsi flotte autour de nous un espace désancré [1].

Je songeais encore à la façon qu'ont les terres de s'agiter, quand l'ombre des nuages les traverse. A cette jeune moissonneuse dans les champs, et j'hésite un instant si elle est grande et lointaine ou petite et plutôt proche ; à ce troupeau de vaches sur le sommet d'une colline, qu'un ciel brusquement plus étendu, envahissant, me montre à peine plus grandes que des brebis ; et les brebis, que des rats. A cette chambre d'hôtel, où je me réveille dans l'ombre tout dépaysé : de quel côté la fenêtre, et par où suis-je entré ? (Elle n'attend que ma décision pour tourner autour de moi et regagner son axe.) A cette étoile nuageuse, et peut-être morte, à ces paysages du Midi, dont le soleil a rongé les contours, et le relief.

Je ne veux pas dire seulement les erreurs. L'espace, c'est aussi cette odeur épaisse de canard mouillé que dégage la terre sous l'averse ; de lilas et de terre labourée, les cheveux de femme. Ces

1. On connaît l'expérience de Wertheimer : un sujet qui regarde la pièce où il se trouve dans un miroir incliné commence par en voir les murs obliques. Oblique aussi ce qui se déplace : un homme, un morceau de carton qui tombe. Il trouve le monde « étrange », connaît une sorte de « vertige visuel ». Soudain, sans qu'une opération intellectuelle soit venue redresser l'apparence, dans un changement instantané et systématique, la verticalité s'institue de nouveau. Le sujet « se sent les jambes et les bras qu'il faudrait pour agir dans la pièce reflétée... Il habite le spectacle ».

distances qui se resserrent quand le temps va changer (et les bruits éloignés, cloches, klaxons d'autos, soudain se rapprochent). Cette fadeur du sang qui parfois annonce la neige ; ce froid jusque dans les os, la grêle. Mais ici chacun dispose, bien sûr, de ses espaces personnels : il en est un pour la nuit, un autre pour le jour (où la vue plus d'une fois est mise au défi). Un pour la terre et un pour l'eau, et les mélanges de terre et d'eau ont aussi le leur. Ah ! et cet autre espace, si prompt à se réduire, mais à s'étendre à l'infini, qui nous sépare d'un homme. Et d'une femme, donc ! Où chaque direction, et chaque forme, ont leur vertu propre : où il peut être honteux de reculer, mais glorieux d'aller de l'avant (ou le contraire), où ce n'est pas sans anxiété que l'on risque une caresse, que l'on saisit une main [1]. Où l'on consulte avec soin les points cardinaux avant de bâtir l'étable, ou l'église. Enfin ces étendues d'avant la raison — cercle magique, table de sacrifices, espaces sacrés, tabous — sous-espaces ou sur-espaces dont j'éprouve d'abord (plus encore que je ne le *pense*) le trait constant, la différence : c'est qu'elles n'ont rien de commun avec l'espace *admis,* l'espace dont nous avons l'idée, bref un espace dont je dépende plus qu'il ne dépend de moi. Mais quelle idée ? Et qu'appelons-nous *espace ?*

Ici l'homme de la rue avouera honnêtement qu'il

1. Il s'agit de ce que la philosophie appelle, pour l'opposer au relief géométrique, le *relief axiologique :* soit une dimension du grave, de l'important, du sensationnel.

sait très bien ce que c'est tant qu'on ne le lui demande pas. Que si nous le pressons un peu, il nous dira que c'est *ce* qui nous entoure, et à travers quoi nous pouvons avancer ou reculer, aller à droite ou à gauche, un milieu parfaitement réel (sinon épais), où sont situés les corps, bref une *chose* que nous nous révèlent nos yeux, nos mains, nos mouvements. Mais le savant, le géomètre, le philosophe, de façon plus précise, nous répondront que c'est un être de raison, et comme un milieu idéal où sont situés les corps : homogène, neutre, illimité, passif, divisible à l'infini.

Et même (ne craignent-ils pas d'ajouter) isotrope et homoloïdal. C'est-à-dire qu'il est uni et plan, qu'il ne contient ni fibres ni stries ; qu'on peut sans danger y promener toutes les figures possibles ; qu'il n'intervient jamais pour déranger nos plans, que tous les endroits s'y valent, et toutes les formes, que l'on y avance sans jamais faire de sauts, que toutes les directions y reviennent au même [1]. Le brave espace ! Universel mais modeste. Toujours prêt à s'effacer, comme s'il n'existait. On y peut fourrer tout ce qu'on veut, sans qu'il morde. Moi, je le reconnais très bien : c'est l'espace dont Platon dit qu'il ne nous est pas

1. Les savants disent encore : « L'espace euclidien est une étendue qui pourrait être entièrement remplie par des cubes égaux juxtaposés, sans qu'il y en ait un dernier dans aucune file » (R. Wavre, *La Figure du monde*). Mais on sait bien que la notion de l'espace euclidien est elle-même fort maltraitée de nos jours par les mathématiciens et les physiciens.

sensible par lui-même mais sous les traits d'une autre chose ; dont il ajoute à vrai dire qu' « il a beau être de notre fabrication, à peine peut-on y croire [1] ». C'est le même espace qu'à l'appel de Poussin ou de Jean-Paul Laurens le spécialiste de la chose — le perspecteur [2], comme on l'appelait — venait imposer à *L'Enlèvement des Sabines,* ou à *L'Excommunication de Robert le Pieux* (le peintre ayant toujours commis, malgré vitres, viseurs, mannequins et maquettes, malgré cubes et cubes, de légères erreurs). Et j'en vois bien l'avantage : c'est qu'il nous fait vivre dans un monde simple, où les événements se passent en bon ordre, par axiomes et démonstrations, sans la moindre surprise fâcheuse. (De mémoire d'homme, on n'a jamais vu triangle qui refusât d'accoucher de ses deux angles droits.) Il n'y a qu'un malheur.

C'est qu'il n'est pas ressemblant. C'est qu'il ne ressemble pas le moins du monde, je ne dis même pas à mon espace nocturne, mais à notre espace de tous les jours, avec toutes ses différences et son chaos, ses façons de catastrophe, son air de nous appeler au secours et les bâtons qu'il nous lance à tout instant dans les jambes.

Là-dessus le savant devient plus précis encore. Ce milieu idéal, dit-il, l'espace, est caractérisé par ses trois dimensions indépendantes et mutuellement

1. *Cf. Timée* (52 b).
2. Et parfois le *perspectiviste.*

perpendiculaires (en fonction desquelles peut être repérée toute position dans l'étendue) : la hauteur, la largeur, la profondeur. Et vous le savez si bien que votre perspective n'a souci que de rendre cette profondeur.

— Nous y sommes, répond le peintre moderne. Va pour la hauteur et la largeur. Mais votre troisième dimension, où la trouvez-vous ? Certes l'arbre que je distingue à cent mètres me semble plus petit que l'arbre auquel je m'appuie. Certes les rails parallèles me paraissent au loin se rejoindre, et l'homme que j'ai croisé sur la route diminue de taille en s'éloignant. Mais qu'ai-je vu ? Une distance grande ou petite, un arbre élevé ou bas. Quelque relief. Bref, des hauteurs ou des largeurs. La profondeur est une conclusion que j'en tire. J'en ai l'idée. Je ne la vois pas.

Me direz-vous ici : le cube est l'exemple même de cette troisième dimension, que poursuit la perspective. Quoi ? Ai-je jamais vu la profondeur d'un cube ? M'est-il donné d'en apercevoir les six côtés à la fois ? Jamais de la vie ! De quelque façon que je tourne et retourne mon cube de pierre ou de carton, je puis en distinguer une face, parfois deux, le plus souvent trois, jamais davantage. Vous me donnez à imaginer les trois autres, à la faveur d'un ingénieux système de pointillés ; et je les réfléchis, je les suppose (très sagement sans doute). Quant à les voir, non. Les signes de la profondeur ne sont pas profonds.

Très sagement. Je ne nie point que nous ne vivions dans un monde à trois dimensions. Mais de ces trois dimensions, nous n'en voyons jamais que deux. Vous aurez beau regarder votre mur pendant des heures, sa profondeur vous restera cachée (s'il était transparent, vous seriez bien embarrassé d'y accrocher votre tableau). L'homme que je vois passer dans la rue est grand ou petit, gras ou maigre. Il a aussi une certaine profondeur : sous ses vêtements apparents, il porte des sous-vêtements ; et par-dessous les sous-vêtements, sa peau, et plus loin la chair et les organes. Mais cette profondeur, je puis la soupçonner, je ne la vois pas. Il peut arriver sans doute qu'un accident me la révèle, et l'homme, s'il est écrasé par une voiture, me laisse voir son maillot de corps, son sang, sa chair déchirée, ses intestins. Bien. Mais c'est qu'alors chair et sang, intestins, sous-vêtements sont devenus *extérieurs*. L'objet à trois dimensions est un être de raison, comme en est un le point sans épaisseur des géomètres. Nous ne voyons jamais le *dedans* d'une chose parce que, sitôt que nous l'apercevons, c'est devenu un *dehors*. Bref, le défaut, le grand défaut des tableaux perspectifs, c'est qu'ils nous montrent moins le monde qu'un ensemble de partis pris touchant le monde, moins les objets que notre idée des objets.

A quoi le savant répondra peut-être que tout cela est bel et bon, mais que l'étendue mathématique — l'étendue sans caractères, dit-il encore —, avec ses points, droites et plans (fût-ce avec ses points sans dimension, ses lignes sans largeur, ses plans sans épaisseur), n'en est pas moins la seule vraie, puisqu'elle nous vient à la fois de l'expérience et de la raison.

— Vraie, qu'est-ce à dire ? Ne vous moquez pas de moi, répond le peintre. Avec ça que vous en êtes si fier, de vos cloisons, tringles et billes ! Vous ne savez même pas d'où vous les tirez. Vous en êtes réduits à supposer (avec votre Poincaré) que si l'homme avait eu trois yeux il eût forgé quelque espace à quatre dimensions ; mais à deux, s'il eût été cyclope : mais à six (suivant votre Bergson), si les données du tact n'étaient pas parvenues à se confondre avec celles de la vue. Bien plus, vous n'arrêtez pas d'imaginer vos hommes-plans, sans plus d'épaisseur qu'une ombre ; quitte à faire, si la plus légère difficulté vous arrête, des hommes réels et bien épais que nous sommes, de notre espace même, la simple tranche d'une étendue à quatre, cinq, vingt dimensions. — Je vous accorde, dit le savant, qu'il y ait là du rêve et de la convention. Reconnaissez du moins qu'il s'agit d'une convention bienfaisante, et que mon étendue, avec ses trois dimensions, demeure la seule façon qui nous soit donnée de nous entendre sur l'espace ; d'accorder nos yeux avec nos doigts, et notre oreille avec le sens intime ; de confondre en un seul espace tant d'espaces divers. D'y mener nos pas ou nos enquêtes. Bref — comme était l'homme en soi des classiques — la seule idée générale que nous en puissions former.

— Eh bien, dit le peintre moderne, c'est très regrettable (puisqu'il n'est pas ressemblant). Mais si moi je ne tiens pas tellement à m'entendre avec vous ? Si mon étendue a des caractères — et même du caractère ? Si je me défie de vos abstractions et ne cherche enfin qu'à me défaire des conventions, des articles et des idées générales, pour revenir à cet entremêlement, où je ne suis qu'un objet entre tant d'autres, jeté à même les étendues ? Si je poursuis une peinture où l'étendue échappe à la réflexion sur l'étendue, et l'espace soit tel qu'on n'en ait pas idée ?...

C'est là un propos que je prête aux peintres modernes. Ils ne l'ont pas tenu. Ils n'avaient pas à le tenir, étant peintres, et ce n'est pas leur affaire de raisonner. (D'ailleurs, dites-vous bien une fois pour toutes — c'est une idée très excitante — qu'ils n'en *savent* pas plus long que nous sur ce qu'ils font.) Observez simplement que tout se passe comme s'ils exprimaient leur constant, leur secret dessein. C'est un dessein assez difficile pour qu'ils aient dû s'y reprendre à plusieurs fois.

V

UNE NOUVELLE MACHINE A VOIR : LE PAPIER COLLÉ

Si l'art moderne est moins glorieux, intense et riche, ce n'est pas sans la compensation de la vérité.
Stéphane MALLARMÉ [1].

Lessing fait, à propos d'arts plastiques — c'est lui d'ailleurs qui invente le mot —, une remarque bizarre : c'est que le poète, mettons Homère ou Shakespeare, dispose en toute liberté du visible et de l'invisible, au lieu qu'il n'est donné à l'artiste de disposer que du visible.

Si l'on veut. Ce qu'il faut du moins retenir de l'observation, c'est que le peintre en tout cas s'exprime

1. *Les Impressionnistes et Edouard Manet, Art Monthly Review*, septembre 1876.

— comme l'écrivain par mots et par phrases — par lignes, couleurs, nuances, plans et autres signes *apparents*. Et sans doute, quoi qu'en dise Lessing, n'est-il pas plus embarrassé que le poète pour traiter des passions et des dieux, de la nostalgie et des puissances (toutes choses peu visibles). C'est à la condition qu'il ait saisi puissances, dieux ou passions à l'instant où ils prenaient forme et se trouvaient, en quelque sorte, doués d'étendue, figurés par des éclairs, des arcs-en-ciel ou des rochers, par des hommes et des femmes. Bref, le visible, s'il n'est pas nécessairement son sujet, est du moins son moyen, l'ensemble de ses moyens : son langage. Le peintre parle espace, comme un Anglais parle anglais ; ou un Chinois, chinois.

C'est un langage qui a ses mots et ses locutions familières, ses lignes et ses combinaisons de lignes, ses couleurs et ses rencontres de couleurs ; qui a même ses clichés : le cercle, la sphère, la section d'or ; ses onomatopées, les trompe-l'œil [1] ; qui a sa grammaire, qui a même, on l'a vu, sa rhétorique, ses règles et ses unités — et il arrive, comme pour l'autre rhétorique, que ces règles paraissent soudain artificielles et de pure convention. Aussi bien le peintre

1. Car l'onomatopée *fait semblant* d'être un bruit réel, comme le trompe-l'œil fait semblant d'être un dessus de bureau, une gravure, une fenêtre *véritables*.

Un bon exemple de trompe-l'œil en poésie serait donné par les poèmes classiques qui, tout à la fois, décrivent et tâchent de *rendre* par leurs sons le chant du rossignol.

n'hésite-t-il pas à en changer quand il le faut. La perspective mystique des Chinois n'a pas grand-chose de commun avec la perspective simultanée des Égyptiens ; l'espace perspectif des Renaissants brise avec l'espace compartimenté des Médiévaux. Ce serait peu. A l'intérieur d'une rhétorique commune, il semble encore que chaque école, chaque peintre compose ses conventions particulières. L'espace des Baroques, qui surgit par surprise, diffère de celui des classiques, qui s'étale et s'organise avec méthode ; l'espace de Piero Della Francesca n'est pas plus celui du Greco, que le *temps* de Racine n'est celui de Corneille. Cependant chaque école et chaque peintre à son tour (comme chaque écrivain) s'assure qu'il a saisi non point un espace (ou un temps) artificiel, mais l'espace réel, l'espace en soi. Au demeurant l'illusion (mais faut-il précisément parler ici d'*illusion ?*) n'est pas si loin de nous que nous ne puissions, avec un peu de bonne volonté, éprouver devant un Courbet ou un Caravage le sentiment que les choses et l'espace sont bien « comme ça », et que nous avons affaire à l'espace lui-même. C'est un curieux sentiment.

Car enfin qu'appelons-nous — qu'appelions-nous tout à l'heure — *espace,* sinon cette étendue réelle où nous allons et venons (et où nous restons immobiles), où nous regardons ce qui nous entoure (et restons aussi bien sans regarder quoi que ce soit), où nous pouvons tourner de tous côtés les yeux et même les fermer (et tous les objets se voient aussitôt transformés ou même disparaissent). Ce serait peu : un espace profond où nous intervenons à tout moment, et dont le trait principal est peut-être précisément que nous soyons libres d'y intervenir, de serrer une main, de caresser des cheveux, de déplacer une lampe (et même de la jeter par terre, de l'envoyer par la fenêtre). Bref, un monde où tous les objets se tiennent entre eux, et tiennent à nous, et nous prolongent en quelque sorte qui participons à leur communauté.

Faut-il si naïvement détailler l'évidence ? Je continuerai pourtant. Et qu'est-ce que le tableau, où l'artiste patiemment reporte l'apparence des dieux et de la nostalgie, ou tout simplement la montagne et la pomme ? C'est un petit rectangle (ou carré) de toile (ou de bois, ou de papier) qui nous montre en effet la figure, la pomme, le paysage ou de simples lignes, des fils. Mais c'est une pomme qu'il ne nous est pas permis de manger, une figure qui échappe à nos doigts, un paysage où nous ne pourrons jamais nous promener, un fil que nous ne pouvons tirer. D'ailleurs une fois pour toutes fixés et comme glacés. (Alors que les paysages et les figures et les pommes réelles n'arrêtent pas de se transformer, de passer d'une expression à une autre expression.) Bref, il n'existe de lui à nous qu'à peine quelques points de ralliement. Car la nature n'a ni lignes, ni valeurs, ni plans distincts. La maison ou l'arbre du tableau ressemblent à l'arbre et à la maison réelle à peu près comme leur ressemblent le mot *maison* ou le mot *arbre* : par l'effet d'une convention.

Il arrive cependant que la convention nous paraisse soudain détestable. D'où suivent toutes sortes de remarques et de confrontations ; de tentatives en tous sens, d'ébauches et de risques — toutes sortes d'opinions dont le tableau a charge d'établir le bien-fondé. Ainsi est-il donné aux artistes de traiter contre Lessing — plus loin que les puissances ou la nostalgie — d'un autre sujet invisible : c'est à savoir la valeur et l'exactitude — la véracité — du langage de lignes et de couleurs dont ils usaient jusque-là tout innocemment.

Telle a été singulièrement l'aventure des peintres modernes.

« La Peinture, écrit Liotard, dès 1750, dans son *Traité,* est la plus étonnante magicienne ; car elle sait persuader, par les plus évidentes faussetés, qu'elle est la vérité pure. » Les plus évidentes faussetés..., ce n'est pas ainsi qu'auraient parlé Uccello, ni le Caravage, ni Poussin. Ni certes Alberti qui s'écriait : « Enfin, la perspective nous fait voir le monde comme Dieu l'a vu ! » Dans l'intervalle, c'est Dieu, il se peut, qui s'est égaré (assez mal remplacé par les équations, rapports, schèmes et raisons profondes dont on nous rebat les oreilles). En fait, si les peintres maintiennent encore que l'art mène à la vérité, ils ne peuvent plus se cacher que c'est par la voie des mensonges : la pharmacie de l'art, dit l'un, l'odieuse facilité de la main. Mais l'autre : mon pinceau n'y doit pas voir mieux que moi. Le dernier : en peinture, tout est fausseté. Ce sont là les propos de Goya, de Delacroix, de Renoir. Ce sont aussi bien les lieux communs de la peinture, du XIXe au XXe siècle. Il arrive que l'amateur se plaigne, qu'il se sente un peu perdu devant l'abondance des écoles de peinture : impressionnisme, expressionnisme, fauvisme, futurisme, divisionnisme, cloisonnisme, surréalisme, abstraction, tachisme et les autres. Mais l'unité est dans ce qu'ils refusent tous : moins encore le trompe-l'œil, moins encore la perspective qu'une certaine façon de se confier aux astuces — au mensonge — de la perspective et du trompe-l'œil.

Ce n'est sans doute pas un hasard si les critiques et les artistes, de Baudelaire à Marx et de Delacroix à Cézanne, n'ont désormais à la bouche que ce mot de vérité. Ce qu'ils entendent par là n'est pas très clair. Il avait de tout temps été question de vérité (ou plutôt de vérités) dans les beaux-arts. Mais ce dont il s'agit ici, ce n'est plus l'exactitude d'un effet ou d'un détail : la reine, l'arbre ou le palais ressemblant à ce qu'ils sont dans la réalité, et le chêne bien distinct du hêtre. Non, et l'on dirait plutôt : au contraire. Ce n'est pas non plus l'une de ces vérités d'« entente générale » qui donnent à l'arbre et à la reine l'expression congruente au sujet choisi (l'arbre rebroussé par la tempête et comme en furie, la reine pâle et défigurée). Non, et l'on dirait plutôt : au contraire. Ce n'est pas non plus l'une de ces vérités relatives (ou *mœurs locales*) qui font que chacun (dit Marmontel) semble parler son langage et tout objet montre son caractère propre, fût-il médiocre ou déplaisant — ce caractère que l'habitude, l'opinion, les préjugés ne nous laissent qu'altéré. Ni l'une de ces *vérités absolues* qui... Non, et l'on dirait parfois qu'ils font leur peinture moins encore pour exposer cette vérité que pour parvenir à la connaître, moins encore pour la connaître que pour l'être. Pour celui-ci, la vérité consiste à ne pas peindre d'anges : il n'en a jamais vu. Pour celui-là, à ne pas reculer devant les aspects sordides de la vie ; pour tel autre, à rendre la fureur des passions humaines, ou la sérénité de l'âme, ou la surprise devant les mystères de notre condition. Où est le vrai, le réellement existant (demande Van Gogh [1]) ? Et encore : comment faire plus vrai que le vrai ? Où se tient ce qui est pour toujours et pas seulement pour un temps (demande Cézanne) ? Ce qui existe au-dehors et pas seulement dans nos idées ? Où est le centre mystérieux de la pensée (demande Gauguin) ?

Voilà de ces problèmes étranges qu'à l'ordinaire (très sagement) les peintres évitaient. Au demeurant, n'est-il guère possible de les évoquer que par images et métaphores. On parlera de joindre les mains errantes de la nature, de mêler sa personnalité, dans un compromis sublime, à la chair qu'on a sous les yeux,

1. *Cf.* « Exprimer l'ardeur d'un être par un rayonnement de soleil couchant, n'est-ce pas une chose réellement existante ? » (*Lettres à Théo.*)

d'amalgamer la nature vue et la nature sentie. Mieux encore, il s'agit de ne pas interpréter, de ne pas penser, de faire silence. Cette vérité est enfin, on le voit, à l'opposé de ce que les peintrres tout à l'heure entendaient par *idées*. Je veux être vrai, dit Cézanne, arracher la vérité de tout, me soumettre. — (Mais il dirait : *dominer,* s'il s'agissait d'idées et de connaissance.) Il assure d'ailleurs que « le peintre est perdu s'il a une pensée, un mot à sa portée ». Il donne un exemple : Courbet posa son ton sans savoir ce qu'il y avait. Puis il le demanda. On alla voir : c'étaient des fagots. Courbet avait posé le ton juste, parce qu'il n'avait pas reconnu les fagots. Cézanne ajoute : « Il faut laisser se rapprocher les tons, les couleurs, les nuances, les lignes jusqu'à devenir objets, rochers, arbres sans qu'on y songe. » Et plus précisément : « Mon cerveau et l'univers se rencontrent. Je ne fais plus qu'un avec mon tableau. Le miracle y est : l'eau changée en vin. »

Car il arrive aussi bien que cette vérité, ils la découvrent enfin dans l'illumination et l'extase et s'y accrochent fortement, quittes à trahir pour elle amis, famille, société. Ainsi de Gauguin, Van Gogh, Cézanne... Degas lui-même (d'allure si raisonnable). On dirait des saints et des martyrs — en tout cas des obsédés ou des envoûtés — qui ont une fois vu le vrai et consentent allègrement, pour ne point s'en écarter, au dédain de leurs parents et voisins, aux métiers sordides, aux maladies, à l'exil et à la faim. « C'est un vent de vérité qui m'emporte », dit Cé-

Picasso, *Feuille de musique et guitare*, 1912-1913, papier collé.
Musée national d'art moderne,
Centre Georges Pompidou, Paris. Photo du Musée.

Picasso, *Femme à la guitare « Ma Jolie »*, 1911-1912.
Museum of Modern Art, New York.
Photo © Giraudon.

Braque, *Maisons à l'Estaque*, 1908.
Kunstmuseum, Berne.
Photo © Giraudon.

Picasso, *Maisons sur la colline*, 1909.
Museum of Modern Art, New York.
Photo © Giraudon.

Picasso, *Mandoline et guitare*, 1909-1910.
Solomon R. Guggenheim Museum, New York.
Photo © Giraudon.

Braque, *L'Atelier*, 1952-1953.
Musée national d'art moderne,
Centre Georges Pompidou, Paris. Photo du Musée.

Braque, *La Musicienne*, 1917-1918.
Kunstmuseum, Bâle.
Photo © Artephot/Hinz.

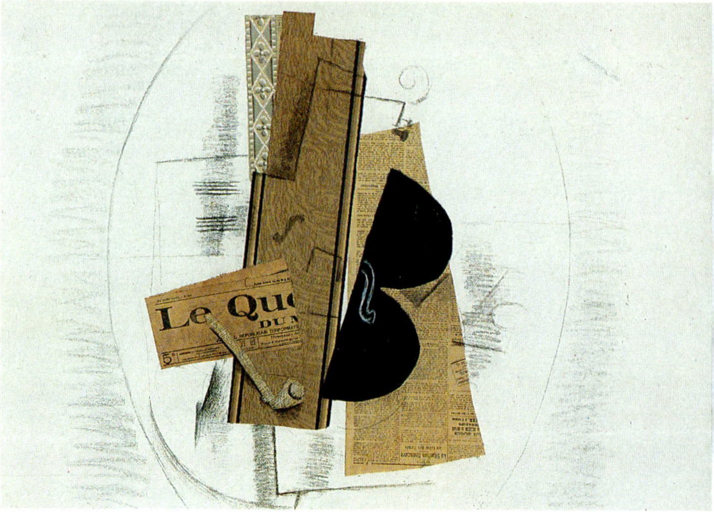

Braque, *Le Quotidien*, 1913-1914, papier collé.
Musée national d'art moderne,
Centre Georges Pompidou, Paris. Photo du Musée.

zanne. Et encore : « On nage dans la vérité de la peinture, on est saoul, je ne puis en parler sans trembler... je suis devenu une minute du monde [1]. » Or l'amateur étonné les regarde et se dit : « Quand il serait si simple, avec leur talent... » Il est bien question de talent ! On a fait grief parfois aux peintres modernes de délaisser les anges et les héros et les saints — si l'on aime mieux, de manquer d'idéal. Eh ! c'est qu'il s'agit pour eux de devenir le héros et le saint, non plus de les figurer : d'être l'idéal, au lieu de le décrire.

J'imagine un menteur qui s'aperçoit soudain, et s'en indigne, de ses mensonges : il grossit et déforme tout ce qu'il raconte, et le plus léger incident, passant par lui, prend des allures de légende ou de catastrophe. Cependant notre homme se plaît à son bavardage et refuse d'y renoncer (et le peintre non plus ne veut cesser de peindre). Il s'excuse d'abord : « Je ne mentais, dit-il, que pour vous faire mieux entendre la vérité, qui n'est pas toujours croyable. — Vous mentiez pourtant. — Et d'ailleurs je finissais par y croire. — Vous mentiez... » Il est vrai, et que faire ? Il y a pour lui deux façons de devenir vrai. Soit qu'il réserve ses discours pour les véritables catastrophes ou les légendes véridiques (et se taise, tant pis, le reste du temps). Soit qu'il avoue carrément ses mensonges et les grossisse et les

1. *Cf. Cézanne,* par Joachim Gasquet.

embellisse encore jusqu'à leur faire rendre tout l'agrément et les surprises dont un mensonge est capable. C'est ainsi qu'un audacieux mais secret dessein, qui ne vise à rien de moins qu'à substituer à la perspective mensongère des classiques un espace authentique, voit deux chemins s'offrir à lui.

Le premier chemin — le plus prudent, si le peintre y cherche au-dehors sa justification et se fait en quelque sorte dicter par les choses un espace sans profondeur — serait assez exactement jalonné par les œuvres de Constable, Turner, Manet, Monet, Degas, Seurat. Le peintre y persiste dans l'imitation et suit du plus près qu'il se peut la nature immédiate ; il n'y a qu'une vérité, dit Manet : faire du premier coup ce qu'on voit [1]. Monet, lui aurait voulu naître aveugle et, recouvrant soudain la vue, se trouver vierge devant les apparences. Simplement le peintre fait choix pour la reproduire — au prix de mille difficultés techniques — des moments où cette nature se trouve elle-même privée de relief par l'action d'une lumière éblouissante, qui éteint les ombres, ronge les tournants et fait de la mer ou de la rivière — et puis, pourquoi pas ? de l'église ou de la meule comme si on les voyait dans l'eau — une surface illuminée, non moins plate à tout prendre que la toile où l'artiste la recopie honnêtement. Telle est sa force et son alibi. « Je ne mens

1. Lettres à Antonin Proust.

plus, dit la Peinture. C'est ainsi que vont les choses, et je m'abandonne à leurs façons. »

Encore est-il plus d'une manière de s'abandonner. Constable peint ses paysages par paires. L'une des toiles — celle qu'il expose, bien décidé à ne pas renoncer à la gloire et à l'estime publiques — obéit encore strictement aux trois unités de la perspective classique. Mais il garde pour lui seul la toile où il n'a souci que de lumières, d'ombres mouvantes, et de taches de couleur : de vérité. Turner, que l'on a nommé professeur de perspective, se découvre incapable de prononcer une seule leçon. Cependant, il ôte peu à peu de ses toiles les temples, puis les nymphes et les dieux, bientôt la terre elle-même, qui l'embarrassent. Il reste une éblouissante buée. Corot, comme Constable, peint double. Il appelle *études* celles de ses toiles où la perspective est laissée de côté. Mais dès les premières toiles de Monet la duplicité passe sur le tableau. Chacune des « femmes au jardin » se présente deux fois, tantôt délimitée par la perspective et le contour, tantôt par la lumière. Dans les tableaux suivants, ce sont les contours qui vont s'effacer et puis disparaître (comme les temples de Turner). « La nature n'a pas de lignes », disent les peintres. Et : « Les ombres elles-mêmes sont des couleurs [1] » : l'arbre, la cathédrale ou la colline sont parfois encore traités par la vieille perspective : mais par la simple division des

1. Delacroix l'avait déjà laissé entendre, et Ruskin dans ses *Lectures on Art*.

tons, le reflet dans l'eau de la colline ou de la cathédrale. Or l'eau n'est pas longue à inonder la toile entière. Le peintre qui a renoncé entretemps à la couleur noire, trop prête au relief, substitue franchement aux objets leur fusion dans l'atmosphère : mille symétries de passage soutiennent de leurs battements d'ailes un monde qui s'évanouit.

On voit quelle rhétorique nouvelle se vient ainsi substituer à la perspective. Rhétorique tout entière tournée vers la surprise et le spontané, mais non moins stricte, non moins exigeante que l'autre : c'est une rhétorique des couleurs plutôt que des lignes. Elle se fonde sur trois principes : la *couleur naturelle,* la *division des couleurs,* le *mélange optique.* Et d'abord le peintre s'interdit les bruns et les ocres, se contente des seules couleurs naturelles, celle du spectre solaire. Puis il s'interdit tout mélange sur la palette et peint par touches striées, balafrées, tourbillonnantes de tons purs. Il laisse enfin à l'œil du spectateur le soin de recomposer les couleurs dont il lui donne les éléments : en place du violet, un brin de bleu à côté d'un brin de rouge.

Ainsi pense-t-il substituer aux points de vue de la vieille peinture des apparitions, à ses durées des instants, à ses volumes des espaces. Mais les règles qu'il s'impose sont étroites, et les critiques commencent par dire — comme ils l'avaient dit, à la Renaissance, d'Alberti et de Brunelleschi : « C'est peut-être une découverte, ce n'est pas une peinture. » Ils disent aussi : « Voilà de bonnes toiles à placer dans l'atelier entre les écorchés de Bandinelli et le tableau des complémentaires de Chevreul [1]. » Et il est trop vrai qu'il arrive aux toiles de Sisley, de Pissaro, de Signac ou de Cross, de ressembler à une démonstration plus qu'à un tableau. C'est de quoi les disciples des impressionnistes se défendent, chacun à sa façon.

Il s'agit pour Gauguin d'opposer à « l'envoûtement du trompe-l'œil » l'obéissance aux deux dimensions de la surface à peindre : il pense y parvenir, à la façon des Japonais, en juxtaposant les aplats et les cernes. « A bas la perspective ! » crient franchement les Nabis. Seurat-le-Taciturne veut du moins que sa toile ne porte pas la moindre trace d'un relief concerté : des arabesques, et de simples taches et des taches encore, et de simples points que l'amateur demeure libre de combiner à son gré. (L'amateur, pour le moment, s'y refuse, et les critiques parlent à l'envi de « papiers décoratifs » ou de « patrons de pantoufles ».) Vuillard, Bonnard peignent, l'air absent, comme on fredonne. Degas se contente de prendre en défaut la vieille perspective dont il accentue les effets avec le même soin que Poussin ou le Lorrain mettaient à les atténuer : visions à bout d'œil, vues en gros plan, axes gauchis et toutes sortes d'anamorphoses donnent un curieux sentiment d'agacement, d'insécurité, que renforcent les moi-

1. R. de La Sizeranne, *Les Questions esthétiques contemporaines.*

gnons, torses disloqués et jambes rompues de ses filles grenouillardes.

Cependant le peintre exige étrangement des simples couleurs tout le sens qui lui venait jadis d'un sujet. Les néo-impressionnistes dès Signac assignent aux tons pâles le soin d'exprimer la sérénité ; aux teintes chaudes, la joie. Van Gogh, à la façon de Degas, brise avec le point de vue unique et fait tenir dans un même plan plusieurs vues, comme s'il survolait à la fois le terrain et le regardait pourtant à ras de terre. En même temps, il croit rendre par le rouge et le vert les « terribles passions humaines », par le jaune, le triomphe et l'amour, par le noir l'angoisse. (On songe timidement à ces premiers films en couleur où le rose annonçait la tendresse ; et le bleu foncé, le désespoir.) Par ailleurs il poursuit inlassablement sa quête d'une couleur crue, qui donne par ses heurts et ses contrastes le sentiment de la profondeur. Il arrive qu'il y parvienne. Les fauves plus tard, avec Matisse, attendront eux aussi des cernes (comme Gauguin), de l'intensité des tons (comme Van Gogh), d'une chaîne d'arabesques (comme Seurat) le sentiment d'un espace authentique. Les peintres abstraits poursuivront cette étude. Mais Klee, Kandinsky, Wols ou Fautrier n'affirment rien que n'ait déjà insinué Signac. Simplement, le monde de l'ancienne perspective, dont les traits apparaissaient encore sous la grille impressionniste, poursuivi jusque dans ses retraites, s'efface insensiblement de leurs toiles.

Il est une seconde voie, plus hardie peut-être : celle qu'évoquent les noms de Goya, Courbet, Manet, de Van Gogh et de Matisse encore — plus près de nous, de Hartung, de Soutine, de Dubuffet. Ici l'on n'esquive pas la difficulté.

Que reproche-t-on aux classiques ? Ceci : c'est qu'ils nous font voir moins les choses que certaine opinion que nous avons formée d'elles : certains arrangements et combinaisons intellectuelles, certaines idées, et par avance certain parti pris déformant. La déformation, passe encore. Il se peut après tout que la peinture, et plus elle est sensible, directe, émue, n'aille pas sans quelque déformation. Mais les classiques veulent nous faire croire qu'ils montrent les choses telles qu'elles sont. Ce serait peu : leurs déformations sont précisément faites pour nous tenir dans cette illusion. Voilà le pire mensonge et l'hypocrisie. Reste qu'il arrive à leurs tableaux d'être émouvants, gracieux, parfois même beaux. Dès lors, une question se pose : et si leur qualité, qui ne peut venir d'un mensonge, tenait à la déformation ? Voilà une question qui a de tout temps trouvé réponse.

Car il ne reste en ce cas, tout souci technique abandonné, qu'à se fier avant que les idées ou la réflexion aient eu le temps de se mettre à la traverse, à l'émotion profonde, et à notre propre réaction. D'où va suivre sur le tableau cette expression, qui (disait Diderot) « précède l'exécution et le dessin ». Et avec elle la simplification à outrance, la charge et la balafre, la peinture à coups de fouet. « Les sens forment, l'esprit déforme », disaient les Impressionnistes. Mais les Expressionnistes[1] diraient plutôt : « Les sens déforment, l'âme suffit à former. » Somme toute, ni les Byzantins, ni les peintres de mosaïques et de vitraux, ni — tout près de nous — Hogarth, Cruikshank ou Rowlandson ne cherchent à trouer le mur. Ils n'ont souci que d'être frappants, directs, sensationnels, et la bonne peinture leur est donnée de surcroît. Aussi bien les Expressionnistes iront-ils chercher leurs maîtres sinon chez les peintres qui n'ont pas réfléchi leur peinture (on ne sait jamais si un peintre n'a pas réfléchi), chez ceux du moins dont la réflexion leur demeure obscure et comme n'existant pas : primitifs, gothiques, nègres, japonais, et les images populaires. Ajoutez que les sentiments violents — passion, mélancolie, dégoût (et fût-ce le dégoût de la perspective) — appellent en quelque manière la déformation. « La révolution, dit Baudelaire, est amie de la caricature. » (Fût-ce la révolution de la peinture.) Et Champfleury : « La grandeur, la force, le style, la tournure et le mouvement vivent, dans la caricature, de leur propre fond. » Entendez qu'ils n'ont pas le moindre besoin de relief ou de perspective. Et quel peintre va *rendre,* par exemple, une assemblée de joueurs, de marchands, d'hommes politiques sinon celui qui saura mettre en évidence ici l'avidité, plus loin la fureur,

1. Chose curieuse : c'est un critique d'art, Herwarth, qui invente le mot — si bien fait pour caractériser Goya et ses descendants.

la juste colère ou le désespoir. Verve sans fin, bouffonnerie, hargne, jovialité, dès la perspective levée, tous ces monstres fourmillent. « Il se peut bien que je mente, dit la Peinture. C'est alors que le mensonge est de ma nature. Je mens du moins franchement et ne me soucie guère de vraisemblance ni d'illusions. » Puisque le mensonge — tout au moins le dangereux, le diabolique mensonge, celui qui ne dit pas son nom — vient par les idées, on se privera d'idées. Certes on ne repousse pas la perspective : encore faut-il qu'elle vienne toute seule, qu'il n'y ait pas à la combiner (ce sera une perspective un peu grossière et réduite à ses éléments). Ni la division des couleurs ou le mélange optique : c'est à la condition qu'ils soient *donnés* dans la première sensation — dans le premier mouvement — du peintre ; qu'ils soient innocents d'idées. La réalité sera désormais bâtie à coups de chocs émotifs (dit Matisse), de couleurs en cartouches de dynamite (dit Derain), de traînées de tons crus (dit Vlaminck). Les ciels verts, les arbres citron, les visages émeraude répliquent, en couleur, aux nez difformes et jambes tordues de la caricature. La touche grasse et l'arabesque pétulante s'en donnent à cœur joie.

Ainsi en va-t-il déjà de Goya, Courbet, Manet et (précisément) de ce caricaturiste qui devient peintre, et grand peintre : Daumier. Ainsi, plus tard, de tous les Expressionnistes et des Baroques, et des Fauves, de Munch, de Van Gogh, de Kokoschka, de Soutine, de Rouault ou de Dubuffet. Le temps a passé. Notre œil sait à présent glisser un espace plausible dans le *Pèlerinage à San Isidro,* dans *L'Enterrement à Ornans* ou l'*Exécution de l'empereur Maximilien.* Mais les contemporains ne s'y laissent pas prendre, qui parlent à leur propos de personnages à l'emporte-pièce, de figures de jeu de cartes et de décalcomanies, se plaignent que les fusils qui vont lui donner la mort reposent contre toute vraisemblance sur la poitrine de Maximilien, et lamentent sévèrement l'oubli de toutes les vieilles lois perspectives, il suffit à ces nouveaux artistes (disent-ils) de jeter un pot de peinture à la face du public. Même les amis des peintres s'y trompent. « Il prend l'art au commencement », dit naïvement Zola de Manet. Or pas un peintre n'a étudié, copié et recopié, assimilé autant de tableaux anciens et modernes. Pas un peintre ne prend l'art, avec un soin aussi minutieux, à sa fin. Simplement Manet abandonne-t-il la ronde-bosse, les passages, le clair-obscur. C'est pour peindre, à bâtons rompus, par brisures et par contrastes : par caricature.

Cézanne se trouve à la rencontre des deux voies. Il va mener sa vie durant un effort héroïque pour les concilier. Ce peintre-né, cet extraordinaire virtuose (comme il se voit dans ses premières aquarelles) se contraint, pour obéir à son problème, à la maladresse. Tantôt appliquant à ses personnages et natures mortes les moyens de l'impressionnisme, tantôt à l'atmosphère les procédés de la caricature (quand il ne recourt pas, pour une part de la toile, à l'ancienne perspective), il ne peut si bien faire que l'espace et les objets ne tirent en sens contraires. Dans ses tableaux, que l'on ne peut tout à fait saisir d'un seul regard, une carafe s'enfle, un compotier se dissout, une tasse fond ; cependant maints écarts lumineux, roues, éventails ou cercles concentriques imposent à ses fonds une étendue fantastique, qui s'agite et tournoie. Lui, se plaint. Il dit : « revenir à la sensation primordiale » (comme Monet ou Matisse), mais aussi : « traiter la nature par la sphère et le cône » (comme les maîtres de la perspective). Il faudrait pourtant choisir. Il va jusqu'à dire : « Il faut que ça tourne et que ça s'interpose à la fois. » Il ajoute : « Nous ne savons plus composer. » Ou encore : « Comment faire de l'impressionnisme un art durable (il dirait aussi bien : de l'expressionnisme un art plausible...) comme l'art des musées. » En sorte que son œuvre entier, dans son équilibre instable, semble un appel déchirant à quelque grande découverte qu'il serait à tout instant sur le point d'accomplir [1].

Ensuite, viennent les papiers collés.

1. Mme Liliane Guerry observe très justement que Cézanne plaque sur des sensations mouvantes, variées, impressionnistes une enveloppe atmosphérique stabilisée. « D'où vient, ajoute-t-elle, cette impression d'hétérogénéité qu'offre alors la composition, du fait que contenant spatial et contenu se scindent comme deux éléments d'essence différente » (*Cézanne et l'expression de l'espace*).

Il s'est passé dans la peinture, aux environs de l'année 1907, l'événement du monde le plus extraordinaire. Qui semble tenir de la magie. Qui donne à hésiter d'abord entre la révélation mystique et la farce. Qui fait songer à quelque fantôme ou squelette, qui nous heurterait dans la rue. A quoi tient sans doute que les critiques s'en soient à ce point défiés (ils le passent sous silence [1]). Les peintres ont renoncé à peindre et se sont peu s'en faut contentés de coller. Bien plus, ils ont trouvé dans leurs collages la certitude — la justification, disait Braque — qui jusque-là leur faisait défaut.

Il y avait eu des signes avant-coureurs. Dès l'année 1906 plus d'un peintre insère dans ceux de ses tableaux qu'il garde secrets (à la façon de Constable) de petits objets, à l'ordinaire assez minces : carte à jouer, éclat de miroir, morceau d'étoffe ou de toile

---

Cependant Mme Guerry ajoute que les toiles de la dernière période de Cézanne offrent « une parfaite unité spatiale », qu'elles devraient soit à un retour du peintre à la perspective classique, soit « à une analyse prodigieusement subtile, à une connaissance plus mystérieuse de l'ordre des choses ».

1. Il faut faire exception pour Aragon (*La Peinture au défi,* 1930). Mais Aragon n'a pas été long à changer d'avis et prêcher, avec le réalisme socialiste, le retour à la perspective. Il faut aussi faire exception pour Frank Elgar, qui pose très bien la question dans *Une conquête du cubisme : le papier collé* (*Vingtième siècle,* janvier 1956). (Mais je dirais plus volontiers : *Une conquête du papier collé : le cubisme,* pour les raisons que l'on va voir.)

cirée. « A quoi bon imiter, disent-ils, ce que je peux si facilement mettre dans ma toile ? » Et pour Braque et Picasso, ce seront des assemblages en carton, de vieux gants, du sable et des plumes. Ou bien encore des feuilles et des brins d'herbe. Eux-mêmes s'en étonnent. S'agit-il comme le dira plus tard Michel Seuphor « de ressaisir une réalité qu'ils risquaient de laisser échapper » ? Ou bien, comme le propose Frank Elgar, « de déterminer des relations plastiques imprévues » ? Pierre Courthion : « de mettre à l'épreuve les moyens d'expression de la peinture » ? Aragon : « de stimuler les peintres, car chacun croit pouvoir en faire autant » ? Ernst : « de provoquer une intensification subite des facultés visionnaires » ? ou tout simplement, suivant Herta Wescher, « de bien montrer sa liberté » ? On n'en sait trop rien. On n'en sait à vrai dire que la satisfaction que donnent au peintre ces curieux assemblages. Et tout se passe comme si ce peintre, en désespoir de cause, laissait aux objets le soin de créer dans sa toile la perspective et l'espace.

Cependant, les événements se précipitent. Braque introduit, dès 1909, dans ses œuvres le faux bois, le faux marbre ; quelques lettres au pochoir. C'est, dans *Le Portugais,* le mot BAL, auquel répliqueront, dans la *Femme à la guitare,* de Picasso, les mots MA JOLIE. Car les deux peintres passent l'été ensemble à Céret, et la découverte de l'un devient aussitôt la découverte de l'autre. C'est le 11 septembre 1911, dans l'après-midi, que Braque, passant devant un magasin de nouveautés, imagine d'acheter un rouleau de tapisserie en « faux bois ». Sitôt rentré chez lui il en coupe quelques morceaux qu'il pose sur du papier blanc. Puis il les réunit par des traits au fusain. Voilà le papier collé inventé. Dès 1912, Braque et Picasso montreront, à côté de leurs toiles, des papiers collés. Le *Compotier* de l'un, la *Chaise cannée* de l'autre sont demeurés célèbres.

Qu'est-ce qu'un papier collé ? J'en décrirai deux, les premiers venus. Sont-ils de Braque, de Picasso, de Gris ? D'un de leurs élèves ? Il importe assez peu. Les papiers collés ne sont pas précisément des tableaux. Ce sont avant tout des machines à voir (comme étaient l'appareil à perspective de Brunelleschi, la vitre et la tringle d'Albert Dürer et toutes les chambres claires). D'ailleurs, la plupart anonymes.

Voici le premier, qui est très simple : il s'agit d'un quelconque galon de tapisserie, collé sur un morceau de papier. Le galon représente une corbeille de roses, trois fois répétée sur fond noir, ornée de tous les dégradés de la perspective aérienne ; cependant deux ou trois lignes au crayon Conté, sur le papier blanc, évoquent vaguement un pot à tabac. Une de ces lignes se prolonge à la craie sur le noir du galon. C'est tout. Voici le second :

Au centre d'une simple feuille de papier Ingres est collée une étiquette d'anis del Oso, pas très propre, déchiquetée sur les bords. La firme du moins est intacte : on y reconnaît un ours brun, assis sur un mur, vaguement hilare et qui déguste un verre d'anis. A ses pieds, une bouteille à demi pleine. Bouteille, ours et mur sont dessinés, comme une image d'Epinal, suivant les principes les plus stricts de la perspective : sagement enfermés dans leurs petits cubes.

Au-dessus de la firme, le peintre a collé, vers la droite, un morceau de papier gris, grossièrement découpé en forme de flacon. Au-dessous, un morceau de tapisserie imite l'entrelacs d'osier qu'on voit aux chaises de jardin, la claie qui fait la clôture d'un champ. Quelques traits de fusain, tantôt droits ou courbes, relient la claie à l'ours, et la bouteille aux entrelacs. (On dirait que le peintre, en les traçant, s'y est repris à plusieurs fois.)

C'est tout. Qui regarde de plus près s'aperçoit que les entrelacs ne sont pas collés, mais peints à l'imitation d'une tapisserie, avec grand soin : à la loupe, dirait-on.

Quels sont les traits du papier collé ? C'est d'abord la pauvreté : ni couleurs riches ni traits adroits. Pas le moindre signe de maîtrise : pas un trait de fusain qu'un enfant ne puisse tracer. Pas un matériau que chacun ne trouve sur sa table ou dans sa corbeille à papier : pipe, pot à tabac, bouteille, guitare, carte froissée, morceau de journal.

C'est aussi une curieuse rencontre d'insistance et d'inachèvement. Il eût suffi d'un trait de plus pour évoquer, sur le galon, le pot à tabac. Le flacon en papier découpé renvoie à la bouteille d'anis ; le faux stuc au mur de la firme. Pourtant, mur, flacon et bouteille flottent chacun de leur côté, et ne composent pas.

Un autre caractère serait l'anonymat. Un papier collé, le plus souvent, n'est pas signé. Mais ce serait peu : il semble fortement qu'il ne prête pas à signature, comme si la peinture personnelle venait avec lui de prendre fin. Et la partie la mieux « peinte » — je veux dire soumise aux cubes, à l'œil fixe et à la lumière unique de la vieille perspective : corbeille de roses, mur, ours brun — n'est pas de l'auteur. Elle n'est pas signée non plus.

C'est enfin la réunion d'éléments hétérogènes : tapisserie, image populaire, carton ondulé, fusain ou crayon Conté, voire (rarement) un coup de pinceau. Ajoutez les pièges et fumisteries : l'étiquette simule une miniature, mais la miniature des entrelacs feint d'être une tapisserie.

J'en viens au dernier trait, ce n'est pas le moins étonnant. On ne saurait dire qu'une telle sorte de tableaux — faut-il encore parler de tableaux ? — soit privée d'espace et de profondeur. Au contraire, extrêmement aérés, libres et comme flottants. Un espace discontinu ménage entre la guitare et le galon de tapisserie, entre la bouteille et le mur, toute sorte de repos et de pauses. Voici une singulière étendue, moins transparente que diaphane, moins précise que volubile, partout présente, inépuisable, pleine d'échos et dont le peintre ni les objets ne sont plus responsables : une étendue, si l'on peut dire, qui va de soi. Ce serait peu : une étendue de hasard. Car l'espace certes s'y trouve, mais nous avons l'impression qu'il eût fort bien pu ne pas s'y trouver.

Je ne cherche qu'à rendre une impression, du plus près qu'il se peut. Nous goûtons d'autant mieux l'esprit, la droiture d'un homme qu'il s'efforce moins de se montrer loyal ou spirituel. Ainsi, d'autant plus sensibles à cet espace nouveau, que le peintre ne l'a pas fait exprès ; qu'il se montre moins préoccupé de fabriquer de l'espace. Nous, cependant, du premier coup installés au centre de son engin. Comme si nous étions de cœur avec lui.

Puis, de toute façon, cet espace a son agrément. Il est rare qu'une fête où nous sommes invités ne nous semble pas, par certains côtés, légèrement ennuyeuse. Mais une fête où nous tombons par hasard, quelle joie soudaine et quel enchantement ! Ainsi en va-t-il de la découverte des cubistes. Quelle surprise (et quelle joie) qu'un espace qui nous tombe dessus sans prévenir ! Un espace où nous ne sommes pour rien, et cependant indiscutable. Un espace particulièrement vaste, libre, aéré, émouvant, du premier coup sensible au cœur, et qui n'est pas passé par la perspective — je veux dire la réflexion, la combinaison, l'arrangement : bref, par la méthode et par les raisons.

Mais la peinture a-t-elle ses raisons ? A-t-elle — comme le peintre moderne nous le donne à entendre — *sa* raison ? Il nous faut revenir un peu en arrière.

VI

LA PEINTURE EST SACRÉE POUR TOUT LE MONDE

On l'a vu, je n'ai pas un instant parlé — en cela au moins fidèle à la peinture moderne — de laideur ou de beauté, de puissance ou de grâce, de bon ou de mauvais goût. Ni même des combats de la forme contre la couleur (qui finissent toujours par se réconcilier) ou de la beauté contre le caractère (qui parfois ne se réconcilient pas). Je ne nie pas que l'esthétique et la philosophie aient leur charme, je ne nie même pas qu'elles aient leurs raisons — ah ! ce n'est pas les raisons qui leur manquent ! Mais enfin charme et raisons, de toute évidence, viennent *après*. Après quoi, et que s'est-il donc passé ?

Ce n'est pas qu'il s'agisse là d'un événement tout à fait inattendu. Somme toute, la philosophie n'a jamais eu à se féliciter de son mariage avec l'art. C'est elle pourtant qui a fait toutes les concessions, comme elle avait fait les premiers pas (mais l'art n'est pas d'humeur si facile). Platon dans sa théorie des Idées croit s'inspirer du sculpteur, qui serait (à l'entendre) tout occupé à réaliser la forme qu'il a dans l'esprit. C'est ce que le sculpteur et le peintre aussitôt lui refusent : ils travaillent, disent-ils, sur modèle et n'ont souci que d'imiter la nature. « Va pour la nature, répondent les philosophes. (« Il est trop vrai, ajoute Aristote, que la beauté des objets naturels l'emporte sur les images. ») Nous déciderons donc que l'art passe, dans son évolution, par trois phases : dans la première, il tente d'approcher la nature ; dans la deuxième, il la reproduit à la perfection ; dans la troisième hélas ! il s'en écarte et déchoit. » Sur quoi les peintres grecs simplifient, outrent, déforment et ne semblent enfin songer qu'à joyeusement déchoir.

Hegel, bien plus tard, soutiendra que l'art se modèle en tout temps sur un idéal que le Primitif rend à sa manière par des signes abstraits, le classique par le juste équilibre du corps et de l'esprit, le romantique par le triomphe de l'idée. Mais les peintres ne sont pas longs à ne plus rien faire qui évoque le moindre idéal. Là-dessus Hegel, vexé, déclare que les temps de l'art sont révolus. On le comprend. On le comprend sans lui donner raison.

Car enfin l'art ne s'est jamais montré plus virulent, plus efficace — plus vivant — que de nos jours. Mais il est possible qu'il ait voulu se débarrasser de Hegel. Et tout se passe en général comme si les artistes avaient, entre autres préoccupations, le grand souci de faire mentir les philosophes. Lessing n'a pas plus tôt appelé la peinture « art figuratif » qu'elle se met à ne plus rien figurer du tout. Taine veut réduire l'œuvre d'art à la condition de la société où elle se montre, et notre respectable société bourgeoise se met sur-le-champ à sécréter des toiles, qu'on dirait sorties, à l'aube des civilisations, du caprice d'un enfant noir. Fouillée, Guyau voient dans l'art une sorte de jeu — mais s'il est un trait caractéristique de l'art moderne, c'est qu'il offre toute l'apparence d'une tentative de sainteté, où l'homme tout entier s'engage : le contraire d'un jeu. Hegel tranche que le peintre dispose, pour exprimer ses sentiments, du seul visage humain ; et ce peintre aussitôt se cantonne dans le paysage et la nature morte. Kant montre (laborieusement) qu'en art le dessin seul importe, et les peintres ne sont pas longs à confier à la couleur les tâches qu'assumait ce dessin. « La reine des facultés, l'imagination... », dit Baudelaire. Sans tarder, les peintres envoient au diable l'imagination, les idées, les mille façons qu'a notre esprit de s'emparer des choses. (Je ne redoute rien tant que l'imagination, dit Cézanne ou Braque.) Benedetto Croce, fidèlement suivi par Lionello Venturi, vient à peine de découvrir dans le tableau l'expression d'une personnalité créatrice que le peintre s'efface de son œuvre, renonce à signer ses papiers collés, tente de brouiller ses traces. Volkelt et Lipps n'ont pas plutôt expliqué l'art par la sympathie (au milieu de grands applaudissements) que les peintres se mettent à engendrer les monstres les mieux faits pour décourager notre amitié ; de sorte que force est aux théories de la sympathie, dès 1920, de se taire modestement. Berenson exige que l'art vienne embellir notre vie en nous proposant des modèles admirables — mais quel homme digne de ce nom voudrait ressembler à une caisse sans fond ou à un paquet de tabac gris ? Wölfflin réduit l'art à nous proposer des formes, dignes d'inspirer nos mouvements — mais les formes des cubistes se trouvent lamentablement disloquées, pendent en morceaux. D'où Berenson et Wölfflin tirent enfin la conclusion que l'art n'a plus souci que de désobéir à ses propres lois. Mais il est sensible que la peinture, si elle a quelque souci, c'est de désobéir aux propres lois de M. Berenson et de M. Wölfflin. Heidegger, Alain, Valéry n'ont pas plus tôt dit que « l'art... — Laissez donc l'art tranquille, réplique le peintre. Voilà un mot qu'il ne faudrait jamais prononcer, un mot qui fait académie, musée, prétention — un mot qui tue son objet ». « Les Beaux-Arts..., disait Roger Marx à Degas — Si c'est ça, je fous le camp... », répliqua Degas. Nous en sommes là, il n'y a pas de raison d'espérer que ça change. Et que reste-t-il ?

Au demeurant, je cherche moins à juger les cubistes qu'à les entendre. Que nous diraient Braque et Picasso s'ils étaient — au lieu de peintres — poètes, critiques, pourquoi pas métaphysiciens ? Qu'expriment-ils dans leur langage de traits, de couleurs et d'espace ? Que nous donne à entendre ce livre muet — comme étaient muets les livres d'images de l'alchimie — qu'ils nous tendent ? Je le regarde patiemment, je tente de me voir tandis que je le regarde. Je distingue ainsi plusieurs traits, qui à la fin n'en font qu'un.

Certes, le tableau a été tenu de tout temps pour un espace plus ou moins divin, où descendaient tout naturellement se poser les Assomptions et les Prophètes, les Bouddhas et les Christs en gloire. Et le peintre y traitait de pair à compagnon avec les héros et les dieux. Cependant on dirait aujourd'hui que c'est l'opération même de ce peintre qui est devenue divine. Le Sacré ne lui est plus fourni du dehors, il ne lui arrive plus tout fait, c'est lui qui, à grands frais — à grands risques peut-être —, doit le reformer de toutes pièces ou, qui sait, le laisse passer.

On l'a vu du reste, et que le cubisme avait eu tous les traits d'un réveil religieux. Ce n'était là rien dire de très nouveau. Ce n'était rien découvrir. Voilà bien trente-cinq ans qu'un marchand de tableaux devenu critique, M. Basler, appelait la peinture de son temps « une religion nouvelle [1] » et chaque jeune peintre disait avec M. J. Chevalier : « Nous ne sommes qu'au début d'une révolution qui doit assurer la libération totale de l'homme [2]. » Ou M. Lebel : « Le cubisme apparaissait à ses partisans comme le ferment d'un bouleversement intégral de l'existence. On imagine difficilement les espoirs sans limites dont se réclamaient couramment les milieux d'avant-garde [3]. » Même un critique plutôt malveillant, comme M. Georges Duthuit — malveillant, mais bien informé — sitôt qu'il s'occupe moins de juger le cubisme que de le décrire, doit bien parler d'une « révolution, non pas esthétique mais proprement religieuse » ; d'une « visitation », dit-il encore, ou bien d'« un dieu qui vient changer le cours de l'histoire : nativité du Rédempteur, hégire du Prophète », et s'en va chercher saint Paul et saint Pierre à propos de Braque et de Picasso [4]. Mais qu'est-ce que le Sacré ?

Tantôt les savants le définissent par son contraire. Et il est exact que le Sacré s'oppose en tout point à

1. A. Basler, *La Peinture, religion nouvelle* (Les Marges), 1926.

2. *Actualité de l'art celtique*, I.

3. *Sur Marcel Duchamp*, II.

4. Cf. *Chez les cubistes* (*Les Lettres nouvelles*, mai-juin 1953). Il est évident d'ailleurs que M. Duthuit plaisante. Mais ce qui ôte à sa plaisanterie toute pointe, et même toute portée, c'est que saint Pierre et saint Paul, et jusqu'au Rédempteur et au Prophète, ne lui semblent pas non plus des personnages tout à fait sérieux.

un monde profane, fait d'intérêts et d'habitudes, de réflexions et de simples idées claires — de sujets aimables et d'incidents touchants. Il lui donne certes une nouvelle raison plus profonde, mais le prive aussi de ses raisons apparentes : et pour commencer le ruine. Bref, il n'était pas malaisé de reconnaître ses effets, et comme de le suivre à la trace dans cette lézarde qui s'insinue au beau milieu du monde des anciens peintres, dans cette entreprise d'effritement où succombent les Dieux et les Gloires, la figure humaine et les scènes de la vie familière, la lumière bien fondée et l'espace raisonnable.

Le plus simple que l'on puisse dire des cérémonies du cubisme est qu'elles donnent l'impression d'une sorte de hiérophanie. C'est qu'avec elles les peintres jurent d'adopter, à l'exclusion de tous autres, un nouvel espace, à la fois démuni et pourtant agité, une sorte de labyrinthe en morceaux, un dédale en action, d'où sont violemment chassés les héros et les architectures des Renaissants — et jusqu'à leurs arbres et leurs pommes. Car il suffit qu'un objet reconnaissable s'introduise — comme par tricherie — dans la toile pour que le charme cesse aussitôt, et qu'il n'y ait plus lieu à peinture. Le jour où Picasso s'alarme à grands cris d'un clou par trop ressemblant, d'un bout de corde en trompe-l'œil, qui se montrent au coin d'une toile de Braque, il agit en parfait inquisiteur, qui sait trop que la plus légère déviation suffit à perdre l'initié. On l'a vu, cette dénonciation de notre monde d'apparences s'étend jusqu'à la conduite du peintre. Le soir où Degas rompt avec Renoir, qui a reçu le matin même la Légion d'honneur (sans d'ailleurs l'avoir demandée), il repousse un traître qui vient de passer au camp du profane : de la société établie, des intérêts bourgeois, des décorations et des convenances. (Ainsi les iconoclastes byzantins détruisaient les images de la Vierge, du Christ et des saints.) On songe à ces terrains où le pontife romain fixait une fois pour toutes la demeure des dieux ; à ces lieux consacrés des primitifs australiens — avec leur arbre, leur petit tertre et leur source — où le Sacré se concentre d'une telle pression qu'il faut à tout autre espace pour être pris en considération leur ressembler, et commencer par les reproduire. Ainsi la liturgie succède à la hiérophanie. Et Braque et Picasso, eux aussi, vont passer de longues années à fidèlement reproduire, dans leurs gouaches et leurs tableaux, l'apparence d'un papier collé. Avec tant d'application — avec un tel succès — que les experts s'y trompent, et que les auteurs eux-mêmes ne parviennent pas toujours à faire dans la production commune le départ de leurs travaux respectifs. Cependant le bruit de la découverte entre-temps a couru le monde. Et les jeunes peintres de tous les pays se mettent en marche vers Paris (comme les chrétiens jadis vers Jérusalem ou les musulmans vers la Mecque). Quelques-uns font plus tard des hérétiques : Segonzac, La Fresnaye. Les autres demeurent obstinément fidèles : Jacques Villon, le compagnon du tour de France, Juan Gris, la fille soumise (disait Picasso). Les plus zélés expliquent à Braque et à Picasso ce qu'au fond ils ont voulu faire : Metzinger-la-Raison, Gleizes-la-Connaissance.

Les savants caractérisent ensuite le Sacré par ses conséquences. Et il est vrai que ce Sacré est essentiellement ambigu. S'il donne à l'initié la force et l'assurance, c'est pour mieux l'exposer à la dérision. C'est aussi pour le jeter, au moindre écart, dans le désespoir et le tremblement. Quand les novices Majos, au cours de la cérémonie d'initiation, sont admis dans la case réservée, ils ne touchent qu'avec gaucherie aux objets qui leur sont présentés, se montrent empêtrés des ustensiles, gênés du riz qu'on leur offre à manger. Qui ne songerait au peintre moderne, honteux de son savoir-faire, tout embarrassé de son coup de pinceau, étonné d'un paquet de tabac ou d'une pipe, prompt à jeter l'anathème (disait Marcel Duchamp) sur la brosse, la toile ou le pinceau.

Ajoutez que si le Sacré a, de l'avis commun, dans le recueillement ou le ravissement ses formes affinées et pures, il lui arrive aussi de montrer une figure brutale et barbare, de provoquer le saisissement et la répulsion — et l'horreur n'est que l'autre face de l'adoration.

Mais c'est un aspect qui a été particulièrement frappant — frappant pour nous tous. Et les réactions de Jean-Louis Vaudoyer ou de Baschet ne sont après tout que les derniers, les délicats remous lointains d'une fureur que nos contemporains n'imaginent guère. On voyait en ces temps-là les spectateurs des tableaux modernes pousser des hurlements de colère, s'agiter — je ne plaisante pas, je l'ai vu —, se rouler à terre, ou bien pousser comme au cirque de grands éclats de rire, puis s'enfuir en gondolant des épaules, et le sous-secrétaire d'État aux Beaux-Arts lui-même, M. Dujardin-Beaumetz, ne se fût pas risqué aux expositions sans une escorte d'agents. Jusqu'aux gardiens des salons (pourtant, ils en avaient vu d'autres !) qui prenaient parti. Il arrivait qu'une toile fût dans la nuit mise en pièces et l'on relevait à l'aube ses morceaux tremblants. Il y eut des martyrs, je ne les nomme qu'avec respect : un excellent peintre mondain, M. Axilet, divorça, pour suivre Braque et Picasso, d'avec sa femme et même d'avec ses clients. Un peintre de baigneuses, M. Dumazet, en fit autant (sauf qu'il n'était pas marié). On n'a plus jamais entendu parler d'eux.

Il a pu sembler tout à l'heure que je me moquais de M. Lampué ou de M. Mourey. Mais non ! Je n'en veux pas le moins du monde à ces personnages (qui, d'ailleurs, je le crains, ont disparu depuis le temps). Je leur serais bien plutôt reconnaissant : ils savaient du moins, fût-ce à l'envers, de quoi il s'agissait. Ils étaient dans le coup. Ils avaient le sentiment qu'il se passait là quelque chose de tragique — précisément, de sacré. Et je les préfère à ces gens paisibles et un peu figés, qui s'en vont aux expositions modernes d'un pas égal et serein. Quitte à parler, comme Lionello Venturi ou Bernard Berenson, d'harmonies un peu risquées, de dessins par trop abstraits. (Comme s'il n'y avait rien eu de changé ! Comme si la peinture suivait son petit bonhomme de chemin !)

Dans les familles, c'était pire. On vit le cubisme défaire des mariages, en faire d'autres, et brouiller les amis avec les amis. Pourtant, le repas avait gentiment commencé : c'est tout au plus si quelque arrière-petit-cousin avait discrètement regretté, au potage, les pisseurs et dégobilleurs de la *Kermesse,* et la maîtresse du Titien à la belle chevelure d'or — tous ces tableaux si plaisants, dont on ne finissait pas de découvrir le détail. Mais dès le fromage, on voyait l'oncle faire sécession, le grand-père déshériter d'un coup sa descendance, et les enfants rougis de gifles saccager la vaisselle. On ne poussait plus, au dessert, de petites chansons, et les dames, pour passer leur colère, cherchaient des taches sur leurs robes. La question avait été posée : on avait parlé « jeune peinture ». André Salmon a très justement remarqué que l'affaire Dreyfus, aux prix du cubisme, semblait une innocente fantaisie : il n'y était question, somme toute, que de justice. Mais le cubisme... il faut que la nature soit bien mal assurée, pour qu'une petite toile plate la jette dans un tel péril. Quant à la nature profonde du péril et du Sacré lui-même...

Ici les savants — et les croyants aussi bien — se montrent plus réticents. Simplement ressort-il de leurs réponses que le Sacré — ou la Vérité, c'est tout un — constitue une donnée immédiate, un élément brut de l'esprit : mystérieux, autonome, par-dessus tout secret, tel qu'on ne puisse fidèlement le dépeindre ni le reproduire exactement sans du même coup le détruire. Il fait partie de lui, en quelque sorte, qu'on parvienne à l'évoquer, à l'éveiller, à le souffrir même, mais non pas à l'exprimer ni à le définir. C'est aussi bien à ce mystère que nous n'avons cessé de buter et de buter encore, du silence des critiques au mensonge des philosophes en passant par l'espace ineffable du bâtisseur d'églises, de l'amoureux ou du voyageur de nuit. Car il nous fallait tantôt reconnaître qu'il n'était rien dans le projet du peintre ni dans ses moyens que pût saisir notre réflexion et rien non plus dans son langage d'espace qui ne fût gratuit et absurde. Il nous est même arrivé — c'était au cours d'une petite aventure nocturne — de voir le mystère et le silence se lever sous nos pas, et l'expérience même que nous venions de conduire échapper à nos prises. Bref, traitant de la peinture moderne, nous avons à tout instant souffert le secret, plus que nous ne l'avons connu. C'est un premier point, et voici le second :

C'est que notre recherche ne s'est pas vue pour autant arrêtée ni déconcertée. Mais il semble que chaque nouveau secret lui ait apporté une matière nouvelle, et comme un objet recommencé. Les toiles cubistes m'offraient moins des distances à voir qu'elles ne me tenaient à distance. Plus le tableau nous devenait énigmatique, et plus nous devions soupçonner en lui l'intervention de quelque élément extérieur — venu de quel au-delà ? — qui fût venu heurter notre monde, et dont l'artiste eût fixé au passage quelques traits sans être pour autant capable de le retenir. Et c'est alors qu'ils n'allaient pas sans mystère ni sans étrangeté que les objets de ma chambre — et jusqu'à la table ou à la machine à écrire — me devenaient plus présents, plus pressants qu'ils n'avaient jamais été. Jusqu'au nom de *cubisme* nous posait une énigme. Bref, c'était l'absurdité ou le non-sens qui nous venait en tous cas révéler, passant de l'aspect à l'*inspect,* une réalité, que nous étions à chaque instant en grand danger de perdre.

De sorte que notre enquête à la fin se moulait sur de tels non-sens et rebondissait sur chaque nouveau secret. Un mystère faisait du dehors son armature. Faute de prendre le tableau pour ce qu'il a de clair, force nous était à la fin de le prendre pour ce qu'il a d'obscur, et ménager dans la connaissance que nous en formons le même vide et la même absence par laquelle il nous décevait tout d'abord. Bref, quelqu'un qui nous eût du dehors observé eût retrouvé dans notre démarche le même défaut qu'il nous fallait à chaque pas rencontrer dans les tableaux modernes : le secret, et l'état de dépendance où il nous jette. Comme s'il nous restait, à défaut de le connaître, la seule ressource de mimer à chaque pas ce secret et comme de le recommencer ; au sens original du mot : de nous sacrifier. Mais il ne s'agit pas de notre seule démarche.

J'ai dit que la critique était en danger de parler, à propos de peinture moderne, de tout et de rien. Et il est trop vrai que j'ai été mené par la suite (malgré mes efforts) à parler aussi bien de tables et de pipes que d'espaces et d'un monde perdu — voire de la nature et de la civilisation. Du moins était-ce chaque fois à mon corps défendant ; du moins n'avais-je souci que de suivre, du plus près qu'il se pouvait, la dictée des peintres et celle des amateurs — celle aussi bien de l'homme de la rue. Comme s'il n'était pas ici de question réservée ni de domaine interdit, mais que le monde entier se vît, aux yeux de tous, concerné par l'expérience des peintres. A ce propos :

J'ai pas mal de voisins dans la petite rue où j'habite ; des voisins de toute sorte, et, comme on dit aujourd'hui, de toutes classes. D'abord cinq ou six égoutiers que je vois partir à pas lents chaque matin, avec bottes et lanternes, dans un bruit d'armures : ils marchent exprès dans le ruisseau. Un marchand de fleurs, un libraire en chambre et non déclaré (qui se flatte d'échapper ainsi aux impôts — qui du même coup échappe aux convenances, et publie sous le manteau pas mal d'érotiques). Un antiquaire, bien que l'endroit ne soit guère passant, et la boutique en général vide — à l'exception des voisins qui s'y réunissent pour discuter, justement pour discuter de l'art moderne : en général, ils sont contre. Et de quoi vit-il ? Il m'a confié qu'il avait pour acheteurs d'autres antiquaires, qui, à leur tour, je suppose... C'est un étrange métier, qui semble vivre de son propre fonds. Imaginez-vous un boulanger qui n'aurait pour clients que d'autres boulangers ? Un littérateur qui ne trouverait, pour goûter ses livres, que d'autres littérateurs ? (On voit cela d'ici. Ce serait effrayant.) A côté de l'antiquaire, une boutique, d'allure plutôt sévère et protestante, offre en devanture quelques ouvrages touchant les enfants déficients, et la manière la plus sûre de leur enseigner les mathématiques ou la géographie. Moi, il me semble qu'on pourrait au moins laisser aux enfants déficients cette consolation, de ne pas savoir la géographie. Mais qui diable achète de pareils bouquins ? Quant au parc d'en face — je dis parc, parce que c'est écrit sur la plaque —, il montre, à côté des petits pavillons où demeurent les égoutiers du cinquième arrondissement, une grande allée de tilleuls, qui presque aussitôt tourne court, et vient buter à une sorte de tunnel clos de grilles, derrière lesquelles on distingue plusieurs brouettes et des tas de feuilles mortes. Il se promène tendrement par là, dans la journée, des garçons et des filles, élèves à l'école du coin, qui leur garantit, après un peu de patience, de grands succès au bachot. (En général, ils ont été recalés, l'année d'avant.) A la tombée de la nuit se montrent des personnages plus suspects, la plupart masculins, contre qui proteste la voix du quartier qui les accuse d'actes contre nature. Qui les accuse aussi de vols. Mais ce sont des vols qu'ils mènent, par égard pour le jardin qui abrite leurs conciliabules, dans des régions lointaines. De sorte que la voix du quartier n'insiste pas beaucoup. Voici où je voulais en venir.

C'est que mes voisins auraient certes tous les droits de se montrer, dans leurs façons, bizarres ou baroques — la rue étant d'ailleurs, on l'a vu, peu passante. De marcher sur des échasses, de réunir au milieu de la chaussée leurs enfants déficients et leur faire pousser des chansons et des cris déficients, de tenir en plein air des métingues contre le bachot, de s'entraîner sur les rares passants à toutes sortes de chapardages et voleries, d'abuser de la liberté qu'on leur laisse (aux égoutiers) de se promener dans des costumes moyenâgeux, de prendre Dieu à témoin de l'absurdité de leurs occupations habituelles. Non. C'est leur mesure qui me frappe à tout moment. La sagesse, et même la fantaisie, de leurs propos. Leur dignité : il arrive qu'ils organisent des fêtes dans les arènes voisines, de vraies fêtes populaires, avec cochons en pain d'épices, tirs à l'arc, fanfreluches antillaises et le reste. Ils en profitent pour exprimer quelques idées personnelles, trop sensées pour que les grands journaux leur ouvrent leurs tribunes. C'est ainsi que M. Wolf, qui exerce dans le quartier le métier d'antiquaire, a trouvé un moyen sûr de mettre fin aux guerres, qui nous donnent tant de souci. Ce moyen consiste à employer dès à présent les hommes blancs, noirs ou jaunes de tous les pays à édifier à travers les continents une route de cinq kilomètres de large : la Voie de la Paix — les privant ainsi (à force de fatigue, je suppose) de tout moyen de songer à mal. M. Wolf a d'ailleurs profité de l'une des fêtes pour monter une baraque dont l'entrée est gratuite, où il expose son idée à grand renfort de graphiques, modèles, perspectives linéaires et aériennes. On y a vu plus d'un visiteur, bien que la démonstration fût un peu sévère et qu'elle s'appuyât sur des procédés plastiques révolus. On y a vu aussi un maire, et jusqu'à un député. Eh bien ! mes voisins savent très bien regarder en face, sans timidité, ces grands personnages. Je ne parle pas seulement de leur conduite apparente. L'un d'eux — un de ces jeunes garçons suspects précisément — a eu le pied, un jour, écrasé par une voiture étrangère au quartier. J'ai pu le relever. Il se plaignait avec une modestie qui m'a donné grande envie de le revoir au jour de sa mort. (Par malchance, il est plus jeune que moi.) Bref, ils se conduisent tous comme s'ils n'arrêtaient pas de lire Épictète ou Pascal. Tous à l'exception d'un seul, j'ai regret de le dire, qui offre déjà quelque chose d'anormal dans l'apparence : une voix trop frêle dans un corps massif, un curieux mélange de retrait et d'agression, certaine manière de vous parler comme si vous n'étiez pas là, la rage de vous écrire ce qu'il pourrait tout aussi facilement vous dire, un refus de se prononcer sur les grandes questions qui rapprochent les hommes et les rappellent à leur commun destin (le temps qu'il fait, les orages, le verglas, le printemps qui vient, la politique). On l'a même entendu se plaindre un jour amèrement : il venait de retrouver dans le ruisseau (par l'étourderie de quel facteur ?) une lettre à lui adressée. De son métier, cet homme singulier enseigne la philo à l'école des jeunes recalés. Somme toute, le seul habitant de la rue qui lise chaque jour Épictète ou Heidegger est le seul qui se conduise comme s'il n'avait jamais ouvert Heidegger ni Épictète. Je reviens à mon propos.

Il se peut que ma petite rue soit une exception, un ramas d'exceptions. Pourtant voici ce que j'ai bien cru observer dans les autres rues de ma ville ou dans les autres villes ou villages. C'est que les gens sont en général beaucoup plus intelligents qu'on ne pense, et même plus réfléchis. C'est au point qu'il suffirait peut-être, pour savoir (enfin !) la vérité, de comprendre tout à fait ce qu'ils pensent. Nous vivons bizarrement sur l'idée que la vie spirituelle (comme ils disent) est réservée à quelques personnages d'élite — mettons M. Jean-Paul Sartre et M. Gabriel Marcel — dont ce serait le métier de réfléchir pour tout le monde, et fournir d'idées l'homme de la rue, tout juste bon à être colonisé. Bien entendu, c'est le contraire qui est vrai. Il suffit de vivre quelque temps à côté d'un ouvrier ou d'un simple bourgeois, fût-il à peu près inculte — ou même d'un enfant déficient —, pour s'apercevoir qu'ils ont très bien su réfléchir sur les choses et même se faire un système du monde (avec un curieux mélange de parties claires et de parties obscures) qui est souvent mieux combiné, qui est en tout cas plus souple que celui de l'intellectuel : qui leur permet de prendre une vue tout à fait drôle et vivante de chaque événement nouveau. Le bourgeois radical est beaucoup plus ouvert et généreux que Ferdinand Buisson, l'ouvrier marxiste est moins buté que Marx. Le petit paysan chrétien est beaucoup plus chrétien que M. Barth ou M. Béguin ; en tout cas, il est moins orgueilleux. L'homme de la rue poursuit la vérité d'un cœur plus droit que M. Martin-Chauffier qui fait de cette poursuite, comme l'on sait, sa principale occupation. Et comment s'y prennent-ils ? Ça, c'est une autre question. Ce qu'on peut supposer avec vraisemblance, c'est que les clartés spirituelles dont il pense avoir la charge (la charge !) ne vont pas sans donner à l'intellectuel quelque esprit de système, quelque suffisance. Il n'est bon pour personne de se croire très intelligent. Peut-être même n'est-il bon pour personne de s'apercevoir (comme l'intellectuel s'y trouve contraint) que les idées qu'on a sont (précisément) des idées. Certaines vieilles légendes qui sont bien connues prétendent que si nous avons perdu le bonheur et le Paradis, c'est pour avoir voulu savoir précisément de quoi il retournait. Et je veux bien que l'explication soit assez difficile à prouver ; elle rend compte en tout cas d'une petite expérience que nous faisons tous les jours ; c'est que personne ne connaît aussi mal les hommes que les psychologues, les psychanalystes, les graphologues et les grands hommes d'État dont c'est justement le métier de les connaître. Il existe un livre (qui ne peut manquer d'être excellent) sur l'Ignorance des gens instruits, et j'en voudrais écrire un autre (qui ne serait pas moins excellent) sur la Science des ignorants, ou même leur Métaphysique [1].

Car il est un point au moins où cette science commune me semble parvenue — suivant quelles découvertes, personne n'en sait rien — à une assurance parfaite. On voit peu de philosophes à qui il n'arrive de fortement douter de l'existence du monde extérieur ; peu d'écrivains, à qui les incidents de notre univers ne se montrent volontiers sous l'apparence (un peu réduite), non pas d'une vérité, mais plutôt d'un faux-semblant : le mot de *comédie* est chez eux à la mode, d'Épictète à Bossuet [2]..., et de Dante à Balzac en passant par Cervantes. Parfois ils vont jusqu'à dire (avec Swift) que la vie est une comédie quand on pense avant de sentir, mais une tragédie quand on sent avant de penser. Qu'elle soit en tout cas une pièce de théâtre, pas un de ces intellectuels n'en doute. On dirait, à les entendre, que nous

1. La vérité est que ce livre existe déjà ; il est du même autour que le premier : Hazzlitt. Mais je dois avouer qu'il m'a paru décevant, si décevant que j'aime mieux faire comme s'il n'existait pas.

2. ... qui donne à la chose un tour particulièrement vexant. « Je ne suis venu que pour faire nombre..., la pièce ne se serait pas moins bien jouée si j'étais demeuré derrière le théâtre. »

sommes au spectacle, et que les amours et les haines, les vies et les morts qui nous entourent, ne sont qu'une petite représentation, montée, par qui? pour nous distraire, ou bien pour nous occuper. De nos jours, où les événements paraissent trop graves pour qu'on se permette de les appeler *comiques* (le mot ayant d'ailleurs changé de sens), on les appelle plus volontiers *absurdes*. (Absurdes, c'est-à-dire pour le moins contraires à notre attente, peu dignes de foi — et qui ne méritent donc pas le moins du monde qu'on les encourage à devenir réels.) Mais c'est ici que l'homme de la rue prend sa revanche : la vie peut lui paraître plaisante ou non, passionnante ou odieuse. S'il est un point dont il ne doute pas le moins du monde, c'est qu'elle est vraie ; c'est même qu'elle est la seule vérité dont il dispose. (Ici me revient à l'esprit ma petite aventure nocturne. Et moi aussi j'aurais songé à tout, cette nuit-là, plutôt qu'à parler de comédie ou de tragédie.)

Curieuse race : ils vont et viennent, se reconnaissent sur quelque nom de boxeur ou de cheval, se touchent les doigts, montrent un grand goût pour la peau les uns des autres, s'entretiennent longuement de ce qu'ils voient tous très bien — nuages, averses, soleil —, tantôt discutant sans le moindre espoir de se convaincre et tantôt (plus rarement) se persuadant si bien l'un l'autre que tout va être à recommencer. On dirait les membres de quelque société secrète, et forts de quelle idée de derrière la tête ? Celle-ci peut-être : c'est qu'il faut garder le secret.

Mais quel secret ? — Revenons à nos papiers.

VII

L'ESPACE DU MILIEU

Ai-je dit que tous les peintres d'après 1910 aient fait du papier collé ? Non. Et non plus l'appareil à perspective de Brunelleschi ni la vitre quadrillée de Dürer ne trouvèrent seulement, dès 1430, des disciples fidèles. L'espace morcelé du Moyen Age survit dans les enluminures de Benozzo Gozzoli. Botticelli use non pas d'un, de quatre ou cinq points de fuite et, vers la fin de sa vie, de quatorze ou quinze. Piero Della Francesca ne réduit pas ses profils à la même échelle que ses fonds. Uccello referme sur ses héros (au risque de les étouffer) le cube de la perspective. Angelico glisse dans ses espaces perspectifs des fragments d'espace découpé. Bellini... Laissons cela, les méthodes en peinture ne proposent qu'une rhétorique, c'est au peintre à former à son gré les phrases, les poèmes, le discours. Reste qu'il n'en est pas un d'entre tous qui peigne encore comme si la perspective n'avait pas été inventée. Et je ne vois pas non plus un seul moderne — j'entends parmi ceux qui comptent, les autres sont mort-nés — à qui il arrive de peindre comme si la révolution du papier collé n'avait pas eu lieu.

Et sans doute Léger emprunte-t-il à l'ancien espace ses figures en gros plan, Delaunay sa ligne d'horizon, Klee ses plans échelonnés. Il arrive que Matisse soumette ses fragments d'espace brut à un motif central, traité suivant toutes les règles de la perspective. Rouault, qui raccorde la découverte cubiste à la vieille technique du vitrail, confie volontiers à une tache de couleur, à la façon de Van Gogh, le soin de provoquer l'espace. Mainte toile de Picasso trahit dans quelque coin ses points de fuite et de distance. Il suffit aux surréalistes — Dali, Tanguy —, pour obtenir le plus singulier effet de fantastique, d'exagérer la part faite, dans le papier collé, au trompe-l'œil. C'est la même part que les abstraits et les informels, dès Kandinsky et Mondrian, suppriment une fois pour toutes — ainsi nous ramenant aux temps où Picasso enjoignait à Braque d'ôter de l'une de ses toiles un clou par trop ressemblant. Et Masson, Fautrier, Dubuffet mêlent à leurs étendues cubistes toutes sortes de fragments impressionnistes. Bazaine... Mais peu importe. De toute façon, dès 1912, les dés étaient jetés. (Le dé, un cube encore.) Je ne sais plus dans quel conte arabe le prince — qui vient de retrouver à la fois ses cinq jeunes amantes — lance à la foule de Bagdad, dans une joie à la limite de la joie, mille et dix mille guitares, dont chacun s'empare et joue aussitôt. Ainsi du grand chant qui monte, depuis quarante ans, du peuple des peintres : ce sont les mandolines de Braque et de Picasso qui lui donnent le ton.

Aussi bien le papier collé offre-t-il, sur l'espace le plus restreint, mais avec une intensité et comme un cynisme particuliers, les divers traits qu'il fallait d'abord reconnaître à la peinture moderne : la négligence et la simple allusion, le goût de l'ébauche et de l'inachevé — et l'on a pu démontrer (on l'a tenté du moins) que les cubistes se contentaient d'exposer, avec les papiers collés, les maquettes de leurs tableaux à venir — assez proches au demeurant, ajoutait-on, des brouillons de Vinci ou de Dürer [1]. Le dédain de la beauté, le refus du charme, la misère et la privation — et le papier collé est fait de déchets. L'anonymat, la fragilité, le périssable — et les journaux des papiers collés ont déjà cinq ou six fois changé de couleur (jaunâtres pour l'instant). La rencontre d'éléments hétéroclites — et le papier collé unit le papier peint au trait de charbon, et l'étiquette au crayon noir. L'effondrement d'un monde — et le papier collé, s'il ressemble à quelque chose, c'est aux débris d'une maison ruinée, aux souvenirs piteux — tapisserie, papiers froissés, pipe, verre, mandoline en lambeaux — que les

1. Louis Thomas, *Note sur la peinture cubiste.*

sinistrés ramènent d'entre les gravats. L'oubli des problèmes esthétiques, la fin de toute peinture personnelle — et le seul essai (très bref) qui ait jamais paru — non pas tout à fait sur les papiers collés, sur les collages — porte en conclusion que le peintre « n'aura plus à dessiner dans l'avenir, ne fera même plus étaler par d'autres la couleur [1] ».

Au surplus, il suffit, pour éprouver à quel point le papier collé était inévitable, de songer à toutes les tentatives qui l'appellent et le préfigurent — de songer aussi à celles qui le prolongent, l'imitent et parfois le déforment jusqu'à la caricature. Braque et Picasso, dès 1906, glissent dans leurs toiles de la sciure de bois, du carton ondulé, du papier d'émeri et toutes sortes d'éclats de miroir, cure-dents, épingles doubles ; mais les épingles sont rouillées, la sciure pas très propre, le miroir en éclats. Derain, un peu plus tard, un journal, mais c'est un journal plié ; Miró un timbre-poste, il est oblitéré ; Braque encore, l'enveloppe d'un paquet de cigarettes avec ses pliures et Picasso une carte cornée ; Masson, la couverture d'un catalogue mal collée et dont les bords sont flottants.

Max Ernst, en 1919, passe des montages de bois, de métal et de détritus à de simples collages d'où il proscrit le moindre trait personnel. Il se contente de quelques images découpées dans des livres romantiques ou des catalogues de grands magasins, et qu'il

1. Aragon, *La Peinture au défi.*

ajuste de manière à obtenir, dans *La Femme 100 têtes* ou *La semaine de bonté,* le plus vif effet de dépaysement : rencontres insolites, courts-circuits, étranges libertés. Picabia, qui a retiré son nom de ses toiles, signe une tache d'encre (inimitable, dit-il) et Marcel Duchamp une photo de la Joconde (à qui il ajoute une paire de moustaches). C'est encore Picabia qui nous offre un simple cadre doré : d'un bord à l'autre courent deux ou trois fils de couleur ; un tableau peint à la craie sur tableau noir, et on l'efface aussitôt. Ainsi se poursuit, sous la peinture apparente — celle dont parlent les journaux — une peinture secrète. Secrète, mais particulièrement vive et virulente. L'historien d'art scrupuleux devrait ici noter les « reliefs » d'Archipenko et les « contre-reliefs » de Tatlin, les « collages futuristes » de Severini, de Balla et de Carra, les « huiles aux papiers collés » de Soffici, les « machines » de Picabia, le « collage artisanal » de Juan Gris, les « photos-montages » de Miró et ses « tableaux-objets ». Plus près de nous, il n'oublierait ni les « collages translucides » de Vasarely ni les « écorces » de Karskaya et les « torchons » de Burri ; ni plus tard, cette plaisante variation sur le papier collé : les découpages de Matisse ; bien plus tard encore, les « grands reliefs » de Pierre Bettencourt aux coquilles d'œufs et aux grains de café. Cependant Braque puis Fautrier vont user de curieux empâtements, où la couleur accumulée suffit au relief. Jean Dubuffet, dès 1950, forme ses « assemblages d'empreintes » en collant sur une nouvelle toile des morceaux découpés d'anciens tableaux. Braque et Picasso de leur côté persistent à composer mainte toile, gouache ou gravure à l'exacte ressemblance d'un papier collé [1]. Et tout se passe comme si la peinture moderne avait besoin, à tout instant, pour reprendre vie, de revenir à ses origines : de toucher terre.

Et non la peinture seule : c'est à partir de ses papiers collés et à leur image que Laurens compose d'abord ses assemblages de bois, de tôle et de fer polychromés, et puis ses sculptures ; Zadkine, ses statues ; Le Corbusier, ses tableaux, ses maisons et ses villes. Bref, le papier collé reçoit dans l'art moderne la place et tient le rôle qui fut celui du dessin dans la peinture renaissante et classique.

Quelle est donc la révélation qui vient à l'artiste de ce papier collé ?

En fait, il s'agissait moins d'une découverte que d'une confirmation — d'une justification, disait Braque. La découverte, elle, était bien antérieure. Bonington, Constable, Corot l'avaient pressentie, Gauguin la connaissait très bien, et Van Gogh. Les

1. On pourrait citer ici, de 1915 à 1945, entre cinq cents toiles également frappantes, *Verre et Pipe, Journal, Trois Citrons* de Braque ; et, de Picasso, *Arlequin, Trois Musiciens, Guitare, Bouteille, Compotier,* la *Guitare* en serpillière.

Impressionnistes et les Expressionnistes en étaient restés éblouis. D'ailleurs, la plus simple du monde : c'est que l'étendue nous était donnée, à la condition de n'y pas réfléchir. Mieux : c'est qu'elle nous était imposée. Mieux encore, c'est que nous n'évitions pas d'être présents à un espace — qu'il devenait dès lors bien inutile de nous démontrer par clair-obscur, dégradation de teintes, ombres graduées, ronde-bosse et autres astuces de pinceau. Puis, de toute façon, cet espace brut avait son agrément. Quelle surprise qu'une étendue qui nous tombe dessus sans prévenir ! Une étendue particulièrement vaste, libre, aérée, émouvante et qui n'est pas passée par la perspective — je veux dire la réflexion, la combinaison, l'arrangement : bref, par les idées. Il y suffit d'une tache rouge sur un fond vert : et la tache fait aussitôt un bond et nous semble se porter en avant. Quoi ! d'un simple point noir sur une page blanche — et le point noir avance aussitôt, tandis que la page recule [1].

1. André Masson écrit très bien à ce propos : « Avec un peu d'essence, le peintre dilue sur un bout de toile une miette de couleur jaune (ou toute autre), puis sur ce nuage de jaune liquide il place une touche empâtée avec la même couleur. Le résultat sera celui-ci : la couleur appliquée en épaisseur viendra fortement en avant. Il y a plus : appliqué en minceur, ce jaune ira vers le *froid* et en épaisseur vers le *chaud* : éléments primordiaux de la perspective aérienne. Est-ce comme cela que s'enseignent les rudiments de la notion d'espace dans nos jeunes académies ? Je n'en sais rien, mais après tout pourquoi pas ? » (*Métamorphoses de l'artiste*, I : *Le champ pictural*.)

Dira-t-on : « Tout cela n'est pas très malin. » Certes. Après tout, il se peut que toute découverte en art soit un œuf de Colomb. Et d'avoir remarqué que les objets diminuent à mesure qu'ils s'éloignent, pensez-vous que ç'ait été très malin ? Or toute la peinture renaissante, avec ses dieux et ses héros, avec ses cités rayonnantes et ses courtisanes, n'a pas d'autre base. Dira-t-on qu'elle transforme du moins cette base, et (si je peux dire) la perfectionne et la cache et en tire le plus heureux parti. Sans doute. Et la peinture moderne, elle aussi, sait perfectionner — sait aussi justifier — l'espace brut qui lui vient d'un simple point noir, ou d'une tache rouge ou jaune. Il y suffit, pourvu que leur forme et leur couleur diffèrent, de deux morceaux de papier posés l'un sur l'autre — mieux encore, posés pour toujours (ou du moins pour quelques années) : placés là à demeure ; collés — entre lesquels notre œil aussitôt introduit de la distance et de la profondeur. « J'ai vu commencer l'espace », pense le peintre. C'est un espace sans schéma formel ni échelle de mesures. Il est fait de voisinages et de séparations, de successions et d'entourages. Il est fait de morceaux. Et si chaque morceau a cette forme précise, géométrique, dont le carré ou le triangle offre assez bien le symbole populaire, la profondeur n'en est que plus frappante.

Mais il y a plus. Observez que les premiers papiers collés — et la plupart de ceux qui les ont suivis — se composent autour d'un bandeau ou d'un galon de tapisserie : faux chêne (avec ses stries), faux marbre (avec ses veines), faux sapin, bouquets de roses, tiges et feuilles, carton ondulé — soit un spécimen de trompe-l'œil à la manière des peintres en bâtiment, poussé jusqu'à sa triste perfection. Quand ce n'est pas une image d'Épinal, le sigle d'une firme d'anis : le comble du léché, comme on dit, et du raccrocheur : le comble de la perspective.

C'est d'où venaient au papier collé de nouveaux avantages. Et d'abord celui-ci : le danger de la simple tache noire ou verte est qu'un spectateur peut fort bien se refuser à y reconnaître de l'espace. Et nous avons vu que les critiques parlaient volontiers à propos des premières toiles impressionnistes de patrons décoratifs et de modèles pour pantoufles. De quoi les Impressionnistes se défendaient le plus souvent, avec Sisley, par un appel sournois à la vieille perspective. Ils se défendaient aussi par leurs sujets en faisant appel aux aspects de la vie moderne qui nous frappent à tout instant par leur relief. Qui refuserait l'étendue à la gare des Batignolles avec ses fumées et ses trains, aux boulevards du dimanche, encombrés de promeneurs et d'omnibus, aux canotiers de Bougival, aux danseurs du Moulin-Rouge ? Ainsi les titres mêmes de leurs toiles — jamais titres ne furent plus nécessaires — nous invitaient-ils à voir « en relief » les champs de blé agités par le vent, les mers en courroux, les églises étincelantes. Mais enfin ce n'était guère là qu'une assez pauvre ruse, une sorte de tricherie. Le papier collé bien plus sûrement avertissait le contemplateur, par ses reliefs feints, et bien mis en évidence, qu'il y *avait lieu* à espace — qu'il fallait chercher de ce côté. C'est un premier point, et voici le second : dès l'instant que la confrontation entre eux s'imposait l'espace du papier collé — cet espace immédiat, cet espace brut — se trouvait offrir cent traits que n'offrait pas l'espace perspectif.

Le premier trait était la liberté. Il ne se dépliait pas comme une nappe ; il ne se détendait pas comme un ressort. Il n'était pas nécessaire, pour le porter à sa perfection, de convoquer chaque fois le perspecteur. Non. Il nous était du premier coup donné dans son entier ; d'autant plus convaincant que justement nous y prenions part. Transparent, quand il le fallait — car nous pouvions suivre de l'œil, sous le triangle ou le cercle, la forme d'une autre figure. Il y avait une qualité encore, et plus frappante.

Chacun connaît la curieuse illusion que l'on pourrait appeler : *illusion de la pyramide*. C'est qu'une pyramide, à qui se place au-dessus d'elle et la regarde de haut, peut donner également l'impression de s'avancer vers notre œil la pointe en avant, et tout aussi bien de s'enfuir et creuser devant notre regard un vide, au fond duquel se trouve la pointe. En sorte qu'il est facile, au prix d'un léger exercice, et passant rapidement de l'un à l'autre aspect, de voir la pyramide animée d'un mouvement de va-et-vient et tantôt se rapprochant jusqu'à toucher l'œil, tantôt s'enfuyant au contraire. Ainsi de l'espace obtenu par le jeu du papier collé. S'il nous paraît mobile (au lieu d'être figé), frémissant, et comme agité d'un mouvement perpétuel, c'est qu'à tout instant nous sommes libres d'imaginer le cercle se rapprochant du triangle vers nous, ou tout au contraire le triangle s'enfuyant de sous le cercle. Ou bien encore passant de l'un à l'autre mouvement. C'est à notre gré. L'espace seul demeure en tout cas pris au piège entre les deux papiers.

Ici joue une seconde illusion, celle qu'ont de tout temps dénoncée — dans leurs Mémoires, non dans leurs tours — les prestidigitateurs. « Quel que soit l'endroit de l'expérience, disait Robert Houdin, d'où semblent provenir des mouvements *divers,* c'est à cet endroit que se portent les yeux du public. Les assistants croient y être et n'en bougent pas, laissant à l'illusionniste toute liberté de mener ailleurs ses préparatifs. » Ainsi du papier collé. Ajoutez qu'il est bien exact, en un sens, que l'œil du spectateur se trouve porté au centre du nouvel espace, dont il mène à son gré l'agitation. Étrange espace, espace voyageur et mouvant, espace-du-milieu, chimérique il se peut, mais d'autant plus nôtre que nous disposons de lui en tous sens : que nous y sommes entrés. Il n'est certes pas donné aux cubistes plus qu'à personne de voir à la fois les quatre côtés d'un cube. Non. A moins de pénétrer dans le cube. A moins d'y pénétrer par le côté que la vieille peinture imprudemment laissait ouvert.

Les philosophes et les mystiques ont rêvé en tout temps d'un espace qui fût à la fois tous les espaces — d'une sphère dont le centre est partout et la circonférence nulle part, d'un ange dont le regard se porte à la fois vers le nord, le sud, l'est et l'ouest [1]. Il est arrivé aux peintres de leur donner une ébauche au moins de satisfaction : le cheval du Palazzo del Te tourne avec le visiteur [2], l'édifice qui est au centre de *La Tempête,* de Giorgione, passe au gré du spectateur de la droite à la gauche du spectacle. Mais avec le papier collé cet espace universel n'avait plus besoin d'être laborieusement construit : il se trouvait du premier coup donné avec le tableau. Par là ce papier collé offrait un nouveau trait. C'est que le peintre se trouvait désormais parfaitement innocent de l'espace où il nous jetait. Point d'astuces ici ni de ruses du pinceau. De simples papiers colorés, découpés au petit bonheur ; même pas découpés, déchirés et puis tant bien que mal rejointoyés. A la faveur de ces papiers, un espace qui jaillit, dirait-on, sans que nous y soyons pour rien, qui se fait en dehors de nous, plus proche de l'espace réel d'un éclat de miroir ou d'un aéroplane en carton que des volumes laborieusement combinés par l'art classique. Bref l'étendue dans ce qu'elle peut avoir de plus immédiat ; de plus naïf, mais de plus indiscutable : une étendue d'avant les espaces.

C'est curieux tout de même, si l'on y songe, une

1. Ézéchiel.
2. *Cf.* Jean Fallot, *Réalité de l'œuvre d'art.*

telle révolution. C'est curieux surtout qu'elle ait été si peu réfléchie, si mal élaborée. Les révolutions politiques s'annoncent longtemps à l'avance : il ne manque jamais de doctrines pour les préparer. Mais les révolutions de la peinture nous bousculent à l'improviste. On ne les distingue qu'une fois passées.

Qui ne songerait ici à des révolutions voisines ? La métaphysique et la philosophie, si loin que nous remontions dans l'histoire, ont consisté dans un effort de l'homme pour se dégager du monde sensible et de l'univers immédiat — quitte à les recomposer patiemment dans la suite (à la façon de la perspective) par une combinaison de schèmes et de notions rationnelles : idées, atomes, essences, substances, formes (tels qu'étaient en perspective la ligne d'horizon, le point de distance, le point principal, la ligne taillée et le reste). Or une philosophie moderne, particulièrement vivace et variée — fière, non moins que la peinture, d'être moderne —, s'applique au contraire à nous plonger dans cette vue brute et spontanée, cette étroite communion avec le monde (ces épousailles du monde et ce contact sacré) et cette foi animale que Platon, Aristote ou Descartes laissaient d'abord échapper. De Bergson à Husserl, d'Alexander à Heidegger, un nouveau réalisme se propose de nous reconduire aux choses elles-mêmes, vierges d'interprétation, et refuse de considérer la moindre réflexion, la perception la plus fugitive sans y inclure notre présence au monde. Tantôt elle insiste sur l'intention ou le projet, essentiels (prétend-elle) à tout état de conscience, qui nous mêlent étroitement aux choses — et les cubistes, eux aussi, refusaient le « point de vue », extérieur et fixe, de la vieille perspective —, tantôt sur l'identité profonde qui nous unit au monde, de toute façon mettant l'accent sur le pré-donné, le non-réfléchi, bref, sur ce qui existe avant que nous en prenions conscience — et de l'espace cubiste aussi, il faudrait dire qu'il précède toute pensée que nous en formions. Descartes et Kant observent que nous n'avons pas l'idée de l'espace comme nous avons l'idée de l'arbre ou du chien : pour avoir vu toute sorte d'espaces, et n'en avoir retenu que les traits communs [1]. Ils nous montrent la nécessité où nous sommes de commencer par l'intuition, la foi, l'adhésion naïve à l'espace pour le reconnaître ensuite dans le paysage ou la nature morte. Or c'est à la même adhésion que nous invite l'espace cubiste. Ici aussi, il s'agit d'un vieux rêve. Piero di Cosimo entre tous les peintres

1. D'ailleurs il s'agit là d'une vieille, d'une respectable doctrine métaphysique, de nos jours reprise par la *Gestalttheorie* et le *Psychodiagnostic,* et d'après laquelle l'espace n'est point du tout, comme on pourrait le croire à première vue, une invention à nous, une fabrication de notre cru — qui nous permettrait, entre autres, de faire tenir ensemble les objets divers et les personnages que nous propose le monde, de les distinguer, de nous y reconnaître. Non. Mais tout au contraire une façon de voir naturelle, inévitable, qui précède tous ces objets ; et n'y en eût-il pas un seul, que l'espace serait toujours là, vide sans doute mais présent : une forme *a priori,* disent-ils encore. Si l'on aime mieux : une foi avant d'être une connaissance.

— si l'on en croit Vasari — eut le souci de ne point gâter ni laisser fuir la nature des choses, leur droit propre disait-il. Il entrait en fureur s'il voyait épousseter un meuble ou balayer la rue. (Qui ne songerait aux « élevages de poussière » de Marcel Duchamp ?) Il s'absorbait dans la contemplation d'un crachat ou d'un paquet de vase. Il craignait par-dessus tout de *s'interposer,* et recherchait le silence d'avant l'homme. C'est le même silence, le même espace qu'ont trouvés les cubistes. Mieux, qui les a trouvés — qu'ils ont laissé passer. Loin qu'il procède de ses parties comme l'étendue perspective, il précède ces parties, qui sans lui ne seraient pas. Les Médiévaux — et nombre de Primitifs — refusaient la profondeur. Les Renaissants l'organisent. Mais les Modernes la défient ou la provoquent et enfin, religieusement, s'effacent devant elle, se soumettent, chassent de leur esprit toute idée qui — venant d'eux-mêmes — risquerait de lui faire obstacle. D'où suivent les traits évidents de leurs toiles et, jusqu'à l'apparence d'un monde en décomposition. Car il n'est guère pour nous qu'un moyen d'atteindre à l'espace brut : c'est de commencer par nier et rejeter tout ce qui relève de l'espace réfléchi des Renaissants. Quand les philosophes, de leur côté, affirment qu'il n'y a pas lieu de distinguer entre le sens et le son d'un mot, entre le sujet et l'objet, et que la table que je vois ne fait qu'un avec mon idée de la table [1], ils ne disloquent

1. On a reconnu la théorie de James, qui est aussi bien celle de Bergson, de Russell ou de Heidegger.

pas moins cruellement la pensée attentive et réfléchie que nous formons couramment de la table ou du mot. Ainsi la déforme encore, à sa manière, l'écrivain de nos jours, s'il convient de rompre avec toute *idée* des choses, mais exige de s'unir à elles par un acte de pur amour, d'épouser leur rythme, de les vivre. S'il n'accepte enfin de se fier, avec Rimbaud, qu'à ses visions involontaires ; avec Proust, à ses souvenirs inconscients ; avec Fargue, Breton, Michaux, Lear ou Lewis Carroll à ses non-sens ; avec Ramuz à ce non-poétique, qui vient avant le poétique : je veux dire à son propos spontané, parfaitement obscur, et cependant, par on ne sait quelle chance, proche de nous, reconnaissable. Et d'eux aussi on voudrait dire — on a dit plus d'une fois — qu'ils ne font guère qu'obscurcir et déformer, et qu'avec eux notre monde habituel s'effondre, ayant perdu ses règles, ses principes et ses signaux.

Et qu'est-il besoin de telles révolutions ? Ici l'on songera d'abord que l'homme est inconstant, qu'il exige volontiers le brut et le spontané, lorsqu'il a trop longtemps goûté l'artifice ; et l'artifice, quand il est fatigué du brut. Il exige d'être dominé quand il a trop longtemps dominé ; d'être vaincu, quand il n'a cessé d'être vainqueur. Sans doute la forme des statues et des tableaux change-t-elle moins vite que celle des chapeaux ou des robes. Elle change tout de même. Qui oserait peindre aujourd'hui comme Vermeer ? (Van Meegeren excepté, mais qui triche.) Il existe une mode des Beaux-Arts (et de la philosophie) et l'on peut bien supposer qu'après quelques siècles une perspective tatillonne, et devenue mécanique, commençait de peser sur les peintres, ne leur permettait plus cette spontanéité que nous exigeons aussi d'eux. On a dit que la photographie était venue libérer les peintres, vers 1850, du souci de faire ressemblant. A bien plus forte raison la vogue des vues d'optique, dès 1750, les décourageait-elle de « faire perspectif ».

Et, de toute façon, ils étaient loin ceux qui avaient jadis pensé saisir, dans quel éclat de joie ! le mystère des miroirs et le secret des eaux. Les compositions les plus solennelles — arcades, portiques, palais — ne donnaient plus, au mieux, que le sentiment d'une miniature agrandie. Ainsi les mots, à force de servir, deviennent inertes et perdent la pointe de leur sens. L'usage avilit, et le recommencement. Le second amour n'offre pas les surprises du premier — ni ces arrêts à chaque pas, pour goûter une joie, pour épouser une angoisse inattendues. Comment réveiller la fraîcheur du monde ? Il y faut en tout cas rompre d'abord avec le passé — avec tous les passés, si glorieux qu'ils soient, plus ils sont glorieux. Armide, elle aussi, brûle le palais qui l'a vue enchantée.

On pourrait dire, plus précisément, qu'il est deux sortes de peintres (et même d'hommes en général) dont les uns *comprennent* l'étendue à la façon froide d'un théorème, mais dont les autres l'*éprouvent* à la manière d'une émotion ou d'un saisissement : des *mesureurs* pour qui tout espace se réduit à certaines quantités, et des *passionnés,* qui sont sensibles à ses qualités, mais rebelles à sa mesure. (Ainsi existe-t-il des calculateurs, pour qui le nombre neuf n'est guère qu'une collection de neuf unités, et des voyantes et voyants pour qui il signifie découverte et début d'un cycle nouveau.) On ajoutera qu'ayant si longtemps donné la parole aux premiers, je ne veux pas dire seulement dans les Beaux-Arts, mais en mathématiques, et jusque dans la philosophie, les temps étaient venus d'un espace sensible au cœur.

Oui, l'on dira tout cela (non sans vraisemblance), et qui s'en trouve satisfait, tant mieux pour lui. Mais comment se défendre du sentiment qu'il se passe *aussi* là, j'y reviens, quelque événement plus grave.

VIII

PEINDRE N'EST PAS DÉPEINDRE
OU LA LICORNE

Je ne sache pas d'écrivain qui pose plus fortement l'énigme de l'art moderne qu'André Malraux, lorsqu'il écrit : « Parent de tous les styles sacrés et étranger à tous les autres, notre style pictural semble celui d'une religion qu'il ignore. » Mais peut-être Malraux va-t-il un peu vite en besogne, lorsqu'il ajoute, d'accord avec Félix Fénéon qu' « un nouveau sujet apparaît : la présence dominatrice du peintre lui-même ». Où prend-on que le peintre moderne ait jamais cherché à se mettre en avant, à s'imposer ? Ce serait en tout cas sans s'en apercevoir. Interrogez Manet, Gauguin, Van Gogh, Cézanne, Bonnard. Ils vous répliquent lois de l'art, principes de la peinture, les choses telles qu'elles sont, la vérité, et encore la vérité. Jamais le peintre n'a voulu s'oublier soi-même — et d'abord oublier le peintre en lui — avec tant d'obstination. Ici l'on me fait une seconde réponse.

Il est arrivé à Cézanne de dire qu'il existait une logique colorée, à laquelle le peintre se devait d'obéir, plutôt qu'à la logique du cerveau. D'où les critiques ont conclu avec Laugier, avec Malraux encore, que la peinture cubiste exprimait à l'état pur, sans anecdote ni digression, cette logique enfin découverte — ainsi d'une fugue colorée, d'une sonate plastique. Mais qui ne voit que l'explication pèche par la base ? Certes, nos peintres ont recherché les lois de la peinture. Mais personne n'est allé encore imaginer qu'ils les avaient trouvées. Où donc est votre logique colorée, où ses syllogismes et ses preuves ? S'agit-il des couleurs complémentaires, du contraste simultané, de l'ocre signe d'angoisse ? Ce sont inventions qui apparaissent avec chaque école et avec chaque école s'évanouissent.

Cependant Focillon, Francastel me proposent une troisième explication. C'est que les lois en question passeraient de loin la peinture. Ce seraient les lois mêmes, enfin découvertes, du monde : l'abandon des coordonnées euclidiennes, l'hypothèse de la quatrième dimension, l'espace courbe, l'étendue topologique. Ici la difficulté est à l'opposé. Non que les lois n'existent pas ; mais les peintres semblent les avoir résolument ignorées. Quand Gauguin, Van Gogh, Cézanne ou Picasso sont en veine de confidences, ils nous parlent volontiers mystère, passions et rêves, destin, âme de la nature. A quoi ils ajoutent le refus des raisons, le dédain des sciences. Ce serait peu qu'ils ignorent ces sciences : ils les évitent, ils les vomissent. Et l'on ne voit guère par quelle mystérieuse osmose ils en auraient été à leur insu pénétrés. Il y a plus encore.

J'imagine même que l'osmose ait joué, que la logique colorée ait été découverte et que le peintre se soit à son seul caprice confié. Nous n'aurons pas fait un pas de plus. Car il reste à expliquer pourquoi le caprice, la logique ou la loi physique s'en iraient prendre chez lui un caractère sacré qu'ils n'avaient pas à l'origine. Que me fait le tempérament de M. Cézanne ? Que me faut-il révérer dans le contraste des couleurs ? Ni la quatrième dimension ni la relativité n'ont dans l'esprit de Riemann et d'Einstein le moindre caractère redoutable ou mystérieux.

Que reste-t-il ? La chose la plus curieuse du monde : c'est que tant de fausses explications offrent du moins on ne sait quoi de plausible, de ressemblant : il fait en quelque sorte partie des tableaux cubistes qu'ils donnent le sentiment — et d'abord au peintre lui-même — qu'en effet ce peintre s'est abandonné à son seul caprice et à sa fantaisie, mais aussi, mais *à la fois* que ce caprice l'a mis en accord avec ce qu'il est dans la peinture et dans le monde même de plus vaste et d'universel. En sorte qu'à défaut d'expliquer quoi que ce soit, les doctrines qu'on a vues font d'excellentes, de précises descriptions.

Qui ne songerait ici que c'est un des principaux caractères — et comme le centre même —du Sacré, que le sentiment qu'éprouve l'esprit religieux de se confier à ce qu'il éprouve en lui de plus intime et secret. Mais dans le même temps, par la voie même de ce secret, d'être porté jusqu'à la Divinité et de s'abandonner à elle. Il n'est pas un croyant qui ne dise à Dieu (et n'entende Dieu lui répondre) : « Je suis en toi, tu es en moi. » En sorte que les critiques semblent assez bien participer ici du caractère sacré de la peinture moderne. Ils témoignent à leur façon, plutôt qu'ils ne l'expliquent, certain trait de ce sacré que les sociologues appellent la *dépendance* et que l'on appellerait aussi bien le dévouement ; car il suit de la dépendance que le croyant se donne, comme par l'effet d'un serment, à ce qu'il a découvert (suivant la même sorte d'élan qu'attendaient de nous la caisse de Braque, la dame de Picasso, la vache de Chagall). Nous ne sommes pas sortis de difficulté. Il reste à interroger les peintres.

Il a de tout temps existé des secrets d'atelier, de ces recettes un peu mystérieuses que le vieux maître confiait à ses disciples, après les avoir longtemps mis à l'épreuve. Il en existe encore : ils ont pris la forme de dictons ou de proverbes, assez obscurs au surplus et comme défendus par leur obscurité, pour que le peintre s'en serve dans les discussions, comme un paysan use de proverbes, et puisse du premier jour les confier à ses élèves. Ces dictons composent, s'appellent entre eux. Ils vont par familles et relèvent de trois thèmes distincts. C'est d'abord :

Peindre n'est pas dépeindre
Produire, plutôt que reproduire
Il nous faut faire, au lieu de refaire

et, proche d'un jeu de mots :

Créer, ne pas récréer.

Le second thème serait assez bien :

Suivre les démarches de la nature plutôt que ses effets
Être au lieu de connaître
Les procédés de la nature, non son apparence

et de façon plus explicite :

Constituer un fait pictural
Les Renaissants voulaient des spectacles, nous voulons des choses
Vis-à-vis du monde, nous ne sommes pas en posture d'imitation, mais d'émulation.

Mais le dernier thème :

Avant tout, se défier des idées
Faire des tableaux devant lesquels on reste sans idée
Attendre, pour s'emparer d'un objet, qu'il échappe à l'idée qu'on s'en fait

Un tableau accompli : celui qui échappe à l'idée qu'on avait en le commençant.

Quelques-uns de ces dictons ont Braque pour origine ; pour d'autres, c'est Picasso, Duchamp, Gris, André Lhote, Gleizes. La plupart sont anonymes. Au demeurant, n'est-il trop rien dans leur détail qui soit fait pour nous surprendre ? Du brûlement de la perspective au couronnement de l'espace brut, il n'en est pas un qui n'illustre quelque moment de la cérémonie que l'on a vue : soit marquant fortement le soin où sont les peintres modernes de faire la vérité plutôt que de la subir, soit appelant l'attention sur les dangers qui viennent à tout moment contrebattre cette vérité ; et le premier de tous : l'apparence ; puis la répétition, l'habitude, qui viennent fortifier cette apparence et lui donnent sa dignité : *re*créer, disent-ils là contre — non sans mépris —, *re*faire, *re*produire, *re*présenter, *re*commencer... Et tout d'abord, il va de soi, les habitudes distinguées, sensationnelles ; celles que tout le monde aperçoit : dignités acquises, hiérarchies de commande, et le noble visage humain, et l'architecture apprise du monde.

Le troisième danger est la connaissance. Et qui ne songerait que c'est aussi pour avoir voulu le connaître, dans les mythes dont il a été question, que nous perdons le paradis ? Mais *idées* dit fort bien cela. A qui de nous n'est-il arrivé de se sentir gêné devant un paysage, une rivière, une femme, et comme à jamais retranché d'eux par le sentiment — comme une sorte de liséré qui les vient cerner — que c'est *lui* qui le voit. (Et le liséré ne se laisse pas si vite effacer.) A qui de nous n'est-il arrivé de s'entendre dire : « Tout ça, c'est des idées. Revenons aux choses comme elles sont. Revenons aux faits », ou se dire à lui-même, dans l'angoisse : « Mais si tout cela n'était pas vrai ? S'il n'y avait là, en effet, que des idées que je me fais ? Si je n'avais affaire qu'à des rêves ? » A quoi l'on sait quelle est notre réaction naïve, notre défense : c'est d'empoigner ce que nous avons sous la main (comme si le monde en se retirant avait laissé sur notre plage ces cordages, ces coquilles), de nous y cramponner, de les manier : « Voici mon verre et mon couteau, ma pipe et ma table. Voici bien mes choses, voici mon espace. Non, ce ne sont pas là des idées que je me fais. Non, je ne rêve pas. »

Il nous est arrivé d'être surpris du petit nombre d'objets qui peuplaient les tableaux modernes. Que voit-on dans une toile cubiste ? Une bouteille, une pipe, un tiroir de table, une mandoline. Dans les grandes circonstances, cela va jusqu'à l'atelier du peintre. (Il en est bien trente dans l'œuvre de Picasso, et vingt dans l'œuvre de Braque.) Mais nous savons à présent quel signe nous font tant d'objets familiers, maniables — tant d'objets que l'on dirait sauvés d'un naufrage, tirés d'un incendie.

Cependant, que vaut la preuve, et suffit-elle à

nous tirer d'embarras ? Or il n'est que de poser la question pour s'apercevoir que la réponse est décevante. Quoi, serrez tant que vous voudrez la pipe entre vos doigts, cognez-vous à la table. Iriez-vous jusqu'à vous couper bras et jambes, qu'avez-vous appris de plus ? Si vous ne rêviez pas, la question n'a pas de sens. Mais rêviez-vous, qu'est-ce qui vous empêche de rêver *aussi* que vous serrez pipe ou tiroir, que vous vous coupez bras et jambes ? Vous pouvez aller jusqu'à vous trancher la tête, cela se fait très bien dans les rêves. Et puis après ?

Telle est l'autre face de l'obstacle que nous contournons. Il n'est pas un objet, il n'est pas un acte qui puisse, à bon droit, vous assurer que vous ne rêvez pas. Et la raison en est simple (bien qu'étrange, et troublante) : c'est qu'il n'est pas un acte que vous ne puissiez accomplir en rêve, ni un raisonnement qu'il ne vous soit permis de conduire. Bref, vous ne pouvez vous arracher au règne des idées et des rêves que par une décision purement arbitraire : confiance, superstition. Il y faut parier et jeter le dé. Il y faut parier sans cesse, et sans fatigue. Car est-il une seule de nos pensées qui n'implique cette confiance et cette foi — qui ne suppose que son objet existe hors de nous, qu'il est vrai ? C'est donc qu'il n'est pas une de nos réflexions qui ne contienne une part de jeu et de pari — une part absurde — et ne se fonde sur elle. Et l'homme qui renonce à cette loi élémentaire et brute, et refuse l'obscurité (comme il arrive souvent, non pas à l'homme de la rue, mais plutôt à l'intellectuel) s'en voit puni : car les arbres et les maisons, et jusqu'à sa table et sa pipe, aussitôt pâlissent et s'effacent de lui. Il a été plus d'une fois question, dans ces pages, d'un certain sentiment de la réalité, qu'il nous arrive de perdre. Mais on aurait grand tort d'en conclure que c'est l'angoisse — si l'on aime mieux, la schizophrénie — qui nous retranche du réel. Bien plutôt aurait-elle le mérite de nous montrer certain caractère profond de ce réel. De nous révéler certain trait de notre condition. C'est un trait proprement métaphysique. Je veux dire qu'il n'est pas un événement de la nature ou de l'esprit qu'il ne concerne ; il n'en est pas un non plus qu'il ne dépasse. Car la pensée, qui nous révèle la réalité des choses, est, sitôt reconnue pour telle, la *même* pensée qui nous fait entrer en doute sur la réalité des choses. Et quelle garantie aurions-nous jamais que le monde ressemble à nos idées — quelle garantie, qui ne soit elle-même une idée ? Il nous faut bien croire à l'univers puisque nous le pensons ; il nous faut bien douter de l'univers, puisque c'est nous qui le pensons. Ce qui nous donne le monde est aussi ce qui nous retranche du monde. (Ainsi l'escalier qui monte est-il l'escalier qui descend.)

C'est là une étrange condition, qu'on dirait très précisément machinée contre nous. A quoi ce n'est pas trop peut-être pour répliquer, que l'absurdité, le défi, la farce même. Et la folie, il se peut. Car le fou n'est pas un homme absurde. C'est un homme qui ne supporte pas l'absurdité de notre sort commun. (Weidlé ou Baschet, après tout, n'étaient pas si injustes que je l'ai dit.) Quand Braque ou Picasso mêlent à leur toile des éclats de miroir ou des galons de tapisserie, quand Marcel Duchamp, Ernst, Picabia signent une tache d'encre, collent l'une sur l'autre des vignettes romantiques ou bien intitulent *Pharmacie* un délicieux, trop délicieux bord de rivière, je vois bien qu'il s'agit pour eux de me faire admettre qu'il s'est passé dans leur tableau — mais s'agit-il encore d'un tableau ? — un événement parfaitement absurde et imprévisible, dont il ne me reste que la ressource d'admettre qu'il est *vrai,* puisqu'il me fait dire, sitôt que je le vois : « Voilà une idée que je n'aurais pas eue » et même (tel est le bonheur d'expression de notre langage) : « On n'a pas idée de ça ! »

Au demeurant, ce n'est pas là faire grande découverte. Les philosophes ont de tout temps observé que ce n'est point par raison que l'homme se fie à la raison, ni par intelligence à l'intelligence. Il n'est pas un système du monde, du plus subtil au plus vulgaire, qui n'accepte pour support quelque vérité qui échappe à la démonstration — qui échappe même à la pensée claire (soit révélation, intuition intellectuelle et le reste). Nul esprit humain ne saurait exactement se représenter l'Être des métaphysiciens, qui n'en porte pas moins sur son grand dos le détail infini des herbes, des rivières, des oiseaux et des hommes. Ainsi du Géomètre de Platon, ainsi des

Idées, des Essences ou de l'Existence, et tout aussi bien du Dieu des braves gens. Qui raisonne et réfléchit à son aise, c'est qu'il sait adosser chacune de ses idées claires à une idée sombre : c'est qu'il a une fois pour toutes assumé l'absurdité.

L'explorateur Thévenet, dans ses relations de voyage (1867), écrit de manière curieuse, mais fort gravement : « La pampa du Brésil abonde en rhinocéros. C'est un animal qu'il est aisé d'imaginer, pour peu que l'on ait vu des licornes. » Et je ne sais ce qu'il en est de Thévenet, mais je vois trop que tel est notre sort à tous : il nous faut croire à quelque licorne pour voir un rhinocéros ; au Paradis, à l'Atlantide, à l'Etre et autres âges d'or pour accepter le monde qui nous entoure. Mais qui croira jamais, s'il attend de les voir, à l'Être, au Paradis, à la licorne ? Il y faut prêter serment et faire le saut — la même sorte de saut après tout que pour rattraper la vache de Chagall ou tourner autour de la fille endormie de Picasso. Or l'homme qui prête serment n'a pas le moindre souci que le serment soit facile à tenir. C'est tout au contraire. Qui fait vœu d'obéissance ou de chasteté s'engage à faire sa vie durant ce qu'il n'était pas certain de faire jusqu'au lendemain. Qui fait vœu de croire au monde, doit bien jurer sur un espace dépourvu et misérable : sur l'espace disloqué que nous laisse devant les yeux le brûlement des sujets nobles et des hiérarchies, des Présidents et des Sirènes. Espace piteux, du moins espace inévitable ; et cet espace dès lors devient sacré pour lui. Et c'est le bruit de son serment qui fait lever du sol les gentils, les héroïques garçons de la terre entière. Juan Gris disait des mandolines : « Ce sont les madones de Braque. » Il ne croyait pas si bien dire.

A notre tour, tentons de traduire en proverbes, à la manière des peintres, l'expérience qu'à leur suite nous avons conduite. Il vient à peu près : « Il ne s'agit plus d'imiter l'espace, mais de s'y abandonner. » Ou bien : « Ne pas copier l'étendue, la faire. » Ou encore : « Je puis connaître l'espace véridique : c'est à la condition de n'y pas réfléchir. » (Ainsi saint Augustin disait : « Je sais très bien ce que c'est que le temps, aussi longtemps que je n'y réfléchis pas. ») Ou mieux : « Qui veut posséder l'espace authentique, qu'il s'y abandonne et se laisse faire, au lieu de vouloir le dominer. » (Ainsi Tchouang-tseu : « L'esprit supérieur est un esprit mou, qui s'abandonne et ne dirige pas. ») Mais nous voici ramenés à des maximes, dont l'accent est, de toute évidence, sacré. Et ce n'est sans doute pas un hasard si l'espace des nouvelles toiles me donnait le sentiment d'une peinture pour aveugles, d'une avancée dans l'ombre (comme cet autre espace, dont parle Al-Hallaj, qui se lève la nuit et n'aura pas de couchant).

Il est des époques heureuses, où l'artiste n'a souci que d'embellir la vie et de veiller à ce que nous apercevions clairement du monde toutes les grâces et les charmes — les passages divins. Sa tâche est alors de pure illustration. Il peut en toute quiétude s'inquiéter de noblesse ou de beauté : d'esthétique. Mais tout se passe comme s'il était aussi d'autres époques plus sombres, où l'existence même du monde se voit par l'homme mise en doute : où il s'agit moins pour nous de trouver au monde mille vertus que d'y croire comme une brute. Des périodes infortunées, où ce n'est pas seulement le philosophe, mais le peintre et l'homme de la rue, qui se demandent ce qu'ils ont bien pu venir faire sur terre, et d'abord s'ils y sont vraiment. Sitôt que la question a été posée, tout va là contre. Plus tu accumules de couleurs plaisantes et de raisonnements ingénieux, et plus les couleurs te semblent faites, justement, *pour* être plaisantes et les raisonnements ingénieux : il faut briser là. Il te faut jurer sur rien (ou peu s'en faut) : sur le monde le plus misérable et réduit qu'il se puisse. Je citais plus haut Berkeley, Rimbaud, Nietzsche. Mais qu'est-il besoin d'aller chercher des gens célèbres ? A chacun de nous a été donné son Nietzsche, son Rimbaud ou son Berkeley intérieur, d'autant plus violents et intransigeants qu'ils ont dû plus longtemps se taire. C'est alors que le tableau cesse d'être illustration pour devenir défense, peint au lieu de dépeindre et produit au lieu d'embellir.

Et qu'était-il besoin de nos jours, j'y reviens, d'un tel serment ? Ah ! voilà qui sort de mon sujet. Pourtant, à s'en tenir à l'évidence — et se fier aussi bien à ce que nous disent les critiques — qui ne ferait ici réflexion que notre monde moderne est épris de rapports et de clartés jusqu'à vouloir percer les secrets de l'esprit, approfondir les structures intimes des objets, de la société, de l'homme même et les réduire à des composés d'éléments dont chacun porte en lui sa lumière ; jusqu'à ne voir enfin dans l'homme (que l'on juge volontiers sur son rendement) que le lieu de rencontre de diverses lois, dans la peinture et la poésie que des schèmes et des structures. Les vieilles sciences sacrées — astrologie, alchimie, mathématiques pythagoriciennes — s'y voient réduites en sciences profanes et de pure quantité : astronomie, chimie, mathématique. Les métiers, ramenés à de simples mécanismes. Et les valeurs humaines y sont choses que chacun peut à son gré mesurer ou confronter, refuser ou choisir. Bref, nous ne concevons aujourd'hui d'autre connaissance que celle des choses qui se mesurent et se comptent et se pèsent, et notre monde se voit enfin étrangement réduit à des idées qu'on se fait.

Mais sans doute le lecteur éprouve-t-il ce que je ne puis dire qu'avec maladresse : c'est qu'en un temps voué à la mesure et à la mécanique et comme rongé de quantité, il appartenait à la peinture de ramener sur nos mains et sur notre figure la fraîcheur d'un monde perdu. C'est aussi que les triangles et les carrés, les guitares et les pipes et jusqu'aux pots à tabac de la peinture moderne nous donneraient moins d'émotion s'ils n'avaient très précisément ce caractère sacré.

Revenons à nos critiques...

Revenons à nos critiques modestes. À dire vrai, je n'ai pas osé répéter tous leurs propos. Il leur arrive, poussés dans leurs derniers retranchements, de dire — je jure que je n'invente rien — qu'ils doivent se taire, crainte d'influencer les peintres et de figer trop tôt, par quelque parole imprudente, un art en voie d'évolution.

C'est où l'on voit qu'ils ne pensent pas un mot de ce qu'ils disent. Car ce n'est pas le seul critique à ce compte, mais le romancier et le poète et jusqu'au peintre qui devraient faire silence, crainte à leur tour de figer des mœurs, des émotions, une nature qui évoluent ainsi que le reste, et non moins précieuses, somme toute, que de vagues tableaux.

Mais que pensent-ils donc en réalité ? Mais que signifie leur silence ? Voici, à tout hasard, ce que j'imagine : c'est qu'éprouvant très bien ce qui se passe, et qu'il n'est pas aisé de dire (on l'a trop vu), ils veulent, à défaut de l'exprimer, le contrefaire ; en le mimant, nous le communiquer. C'est qu'ils tentent, eux aussi, de s'attacher à la démarche des peintres, plutôt qu'à leurs résultats ; et de présenter plutôt que de représenter. C'est qu'ils se taisent (ou du moins décident ouvertement de se taire) pour nous donner à entendre que le peintre lui aussi — lui d'abord — renonce à commencer, à détailler, à situer, nous jette dans l'espace plutôt qu'il ne le démontre, participe au lieu de décrire, et donc à sa façon se tait. (Et je comprends à présent pourquoi les natures mortes s'appellent en anglais des silences.) Bref, il y aurait eu, de peintre à critique, une contagion un peu gauche de ce silence.

Mais les voies de l'écriture ne sont pas celles des arts, et je ne regrette pas tout à fait d'avoir tenté de le rompre.

1945-1957.

ANNEXES

L'artiste moderne et son public

M. Motherwell ne peut guère manquer d'être dans le vrai quand il soutient que les rapports entre le peintre moderne et le public reposent sur une base éthique. Il ne peut manquer d'être dans le vrai, puisqu'il est d'accord avec tous les philosophes et tous les critiques, et même les peintres, qui se sont prononcés sur la peinture. (Les peintres, c'est le plus souvent avec mauvaise humeur, parce que l'interlocuteur insiste, et la bonne grâce de M. Motherwell me semble ici un événement exceptionnel.) Que l'œuvre d'art soit propre à rendre l'homme meilleur, à lui révéler son âme (et du même coup l'âme des choses), à fortifier en lui le sentiment de sa vie personnelle et cependant le réconcilier, s'il est besoin, avec le monde, c'est l'avis de Platon comme celui de saint Thomas, et de Cicéron comme de M. Berenson. Ensuite commencent les difficultés.

Car il reste à savoir à quelle éthique peut bien faire appel la peinture moderne, et en particulier la peinture abstraite, dont M. Motherwell est l'un des tenants — et, s'il m'est permis de le dire, un tenant des plus remarquables. Or la réponse ne va pas de soi. L'homme de la rue à qui l'on présente un de ces drôles de tableaux faits de petites taches et de lignes en zig-zags, a plutôt le sentiment, à première vue, qu'on cherche perfidement à le brouiller, pas du tout à le réconcilier, avec les objets et les personnes du monde, et d'abord avec lui-même. Car l'audace, la sincérité, la passion et les autres vertus éthiques supposent qu'il existe un monde parfaitement épais et réel, où elles s'exercent ; elles supposent aussi des personnages étrangers à nous et non moins réels que nous-mêmes, sur qui s'exercer (à tous risques et périls). De sorte que l'homme de la rue en question réclame en général —, tout au moins dans nos vieux pays occidentaux, — qu'on lui rende au plus tôt les vertigineuses jeunes filles au piano, et les réconfortants monarques et divinités de la vieille peinture.

Je sais bien que les meilleures réconciliations sont celles qui succèdent à quelque violente brouille ; comme les plus profondes amours à quelque fâcherie. Pourtant, ce que je distingue à première vue dans la peinture moderne, c'est la fâcherie, et pas du tout l'amour ; la brouille, et pas du tout la réconciliation. Mais qu'est-ce que la peinture moderne ?

I. Le peintre moderne sait qu'il est moderne

Eh bien, c'est d'abord une peinture qu'on a le droit d'appeler *moderne*. Ce n'est pas là un trait si négligeable.

Car les hommes, de nos jours, se posent dans l'histoire avec une grande autorité. On a coutume de se moquer de l'auteur dramatique qui faisait dire à Roland : « Nous autres chevaliers du Moyen Âge... » Et l'on a raison de se moquer, car les chevaliers du Moyen Âge, d'après tout ce que nous avons appris sur leur compte, ne savaient guère qu'ils étaient du Moyen Âge. Ils auraient jugé indécent de trop bien le savoir. En tout cas ils ne se seraient pas permis de le dire, ni de mêler le temps à l'opinion qu'ils avaient d'eux-mêmes — pas plus qu'ils ne faisaient entrer l'espace dans leurs tableaux. En général, temps et espace leur semblaient choses plutôt négligeables. On convenait de n'y pas faire attention. Dieu, évidemment, en avait tiré parti — il lui fallait bien, de façon ou d'autre animer la matière. Mais ce n'était guère que pour rappeler à l'homme son caractère périssable ; au fond, pour l'humilier. C'est de quoi l'homme se défendait en y pensant le moins possible.

Au contraire, le héros de notre temps est tout prêt à dire : « Nous autres Modernes... » ; et, s'il ne le dit pas, il le pense. C'est qu'il a formé de toutes pièces et ensuite appris par cœur cette science singulière, l'histoire, que plus d'un peuple avait dédaignée. Même, il juge volontiers des événements et des hommes suivant la place qu'ils y tiennent. Nous n'apprécions pas directement, sur l'impression qu'ils nous font, un vitrail, un tableau, un monument, ni même un homme célèbre. Nous ne sommes pas en rapports simplement humains avec eux. Nous ne disons pas (comme faisait l'homme du Moyen Âge) : « Ça me fait de la peine, c'est horrible... » ou « C'est merveilleux, ça me fait plaisir » et le reste. Non. Nous commençons par observer : « C'est du gothique... c'est du roman... ça s'est fait dans des temps très anciens... » Parfois même l'espace s'en mêle : « Voilà qui vient des Nouvelles-Hébrides... Tiens, du précolombien... » Ensuite se montrent (timidement) les jugements éthiques ou esthétiques. Mais c'est d'abord l'histoire et la géographie qui font loi. Et il serait peu, — pour en revenir à notre sujet, — que l'artiste contemporain fût moderne. Il se figure encore qu'il est moderne, et qu'il faut le prendre comme tel. Il s'agit avec lui d'une modernité en quelque sorte redoublée : insistante, à la seconde puissance. En sorte que notre question signifie à la fin : « Et que s'est-il passé, *dans l'histoire*, pour le peintre moderne ? Quels accidents, quelles aventures ? » Or, la réponse est facile, elle va de soi.

L'on admet en général, — et, si je puis dire, il saute aux yeux, — que l'art moderne s'ébauche avec Manet, se précise avec van Gogh et Cézanne, s'affirme avec les Cubistes, et se trouve aujourd'hui représenté par les Abstraits. Qu'il s'agisse ensuite de le glorifier ou de le condamner, peu importe : il *existe*, comme existe l'art gothique ou l'art roman. Quant à l'aventure du peintre, il faudrait la caractériser par ses *défauts*, — je veux dire les traits et les avantages, dont il se prive ; dès Manet, c'est la ronde-bosse et le clair-obscur ; dès Van Gogh, le point de vue unique ; dès Cézanne, la perspective classique. Puis s'en iront, avec les Cubistes, la ressemblance ; avec les Abstraits, la cohérence intérieure. Une lézarde s'est glissée, pour commencer, dans les objets les plus évidents. Elle fait son chemin, elle grandit et s'étale. À la fin, il n'y a plus qu'elle : des tas de petites lézardes, qui courent dans tous les sens. Quant à l'objet, il a fondu.

II. Où l'art ne va plus de soi

Voici un second trait : c'est que l'art, de nos jours, ne va plus de soi. Il ne passe pas, l'expression populaire le dit très bien, comme une lettre à la poste. Il a cessé de poser une question, — d'apporter une réponse, — simples, comme c'était jadis le cas : car les Primitifs lui prêtaient un efficace magique ; les Grecs le chargeaient de dévoiler la Beauté ; les Médiévaux attendaient qu'il nous révélât un monde invisible, le monde de la Foi, et les Renaissants au contraire, l'infinie variété du monde sensible. Mais à présent ?

Il s'est trouvé de grands philosophes, comme Hegel, pour soutenir que les temps de l'art étaient passés, et que la peinture en particulier avait perdu toute raison d'être ; il s'est même trouvé de grands critiques, comme M. Berenson, pour estimer que l'art moderne ne s'employait guère qu'à sottement désobéir aux lois éternelles de l'art (représentées justement par la ressemblance, la perspective et la ronde-bosse). Et je ne dis rien des grands Politiques, comme Hitler ou

Staline, dont les opinions sont bien connues. En gros, ils n'en veulent pas, de l'art moderne. On me dira qu'il s'agit d'esprits considérables, et qui, pour avoir tant réfléchi, ont bien droit à quelques idées personnelles, — si personnelles, qu'il serait malaisé de les suivre. Mais justement Hegel ni Berenson, Hitler ni Staline, ne sont ici tellement personnels. Somme toute, ils se bornent à traduire, ils habillent de bonnes raisons, — en tout cas, de raisons ingénieuses (ou brutales), — une désaffection tout à fait commune.

C'est la même désaffection qu'ont rencontrée, en d'autres temps, d'autres travaux humains. Les Hindous, après s'y être longuement exercés, ont rejeté l'histoire. Il semble que les Chinois et les Hébreux aient un jour renoncé aux sciences de la nature. La recette de la première bombe atomique, le feu grégeois, s'est perdue après trois siècles d'usage. Et plus d'un ethnologue suppose que les Primitifs (que nous appelons sauvages) sont d'anciens civilisés qui se sont trouvés, à un certain moment, fatigués de la civilisation avec ses bienfaits (et méfaits), bref qui ont choisi d'être sauvages. Je ne sais, — et personne ne sait, — ce qu'il en est au juste.

Mais on voit aisément que l'art, en tout cas, se trouve aujourd'hui menacé, comme ont pu l'être jadis les sciences ou l'histoire. Il paraissait aller de soi, il y a cent ans, comme allaient de soi la morale, la politique, et l'organisation sociale : l'artiste, le mécène qui lui faisait des commandes, l'État qui veillait sur son apprentissage, les disciples qui collaboraient à son œuvre, autant de types sociaux parfaitement nets, délimités, nécessaires. Or, il n'en est pas un qui ne s'effrite aujourd'hui et ne s'en aille en pièces. Le peintre moderne méprise l'apprentissage et les écoles des Beaux-Arts. Le mot même d'*art* lui semble suspect : « Voilà un mot », dit-il, « qui tue son objet. » Ouvre-t-il un atelier : « Je n'apprendrai du moins à mes élèves qu'à être eux-mêmes, et se défier des leçons, — des miennes, pour commencer. » Pour lui cependant, il tient à honneur de nous offrir des tableaux authentiques, où l'on ne distingue pas une touche qui ne soit de sa main.

Quant au mécène, il s'est éparpillé : il est devenu cette entité vague, le Public, avec ses purs amateurs, ses spéculateurs, ses indifférents. Quoi, si l'art lui-même s'est vu mis en question ! Que veut-il, à quoi sert-il ? C'est de la réponse que vont dépendre l'intervention hardie de l'amateur ou du marchand, l'intervention plus timide de l'État. Il s'agit moins désormais de la valeur du tableau, que de son sens. « Quelle est votre raison d'être », lui demande-t-on, « et qu'est-ce qui vous vaut d'exister ? À quelle nécessité intérieure avez-vous donc obéi ? »

D'où suit que le tableau n'a plus seulement charge de nous offrir de simples couleurs et des lignes, assemblées pour notre plaisir. Encore faut-il qu'il porte en lui sa justification : la raison profonde, qui a présidé à l'assemblement des couleurs et des lignes. Quelle sorte de raison ? C'est à nous de déchiffrer ce livre muet.

III. Un espace d'avant les raisons

Une vieille, une respectable doctrine métaphysique, de nos jours reprise par la *Gestalttheorie* et le *Psychodiagnostic*, tient que l'espace n'est point du tout, comme on pourrait le croire à première vue, une invention à nous, une fabrication de notre cru, — qui nous permettrait, entre autres, de faire tenir ensemble les objets divers et les personnages que nous propose le monde, de les distinguer, de nous y reconnaître. Non. Mais tout au contraire une façon de voir naturelle, inévitable qui précède tous ces objets ; et n'y en eût-il pas un seul, que l'espace serait toujours là, vide sans doute mais présent : une forme *a priori*, disent-ils encore.

Oui. Mais pour nous ce n'a pas été là une théorie, ni une doctrine : ç'a été une expérience. Ç'a même été une expérience étonnante.

Car notre première impression pouvait bien être qu'en proscrivant ronde-bosse, clair-obscur, perspective et le reste, bref tous les signes où nous étions convenus de reconnaître l'espace, c'était enfin de cet espace même qu'allaient se débarrasser les peintres modernes. Or, c'est tout le contraire qui est arrivé. Et l'espace n'a jamais été si bien repoussé qu'à tout instant il ne revînt en force. Des papiers-collés eux-mêmes, et des toiles abstraites qui leur succédaient, la dernière chose à dire eût été qu'ils fussent privés d'étendue ou de profondeur. Non. Jamais espaces ne s'étaient trouvés en peinture plus vastes, aérés, libres et comme flottants. Une étendue discontinue y ménage curieusement d'une ligne à l'autre, d'un papier au papier voisin, toute sorte de repos, de profondeurs et de pauses. L'objet, il se peut, avait fondu. Mais la lézarde à son tour devenait objet, non moins réel ni épais que l'ancienne pomme, l'arbre ou le piano.

Il est rare qu'une fête où nous sommes invités ne nous semble pas, à certains moments, légèrement ennuyeuse. Mais une fête où nous tombons d'aventure, quel enchantement soudain ! Tel était l'espace des Modernes. Et de quoi donc avaient-ils voulu débarrasser la Peinture ? Si ce n'était pas de l'espace lui-même (et qui oserait s'en prendre à l'espace ?) reste que c'était, avec la perspective, aux signes convenus, aux idées, aux raisons auxquelles la Vieille Peinture confiait le soin de nous montrer l'espace. C'est là ce qu'on eût pu découvrir par une autre voie.

Des trois ou quatre doctrinaires qui tentaient, vers 1910, de nous expliquer la peinture : Woelfflin, Croce, Berenson, Venturi plus tard, il n'en est pas un que cette peinture n'ait presque aussitôt déçu, si précisément qu'il faut se demander si elle ne prenait pas *exprès* à charge de les décevoir. Car Croce et Venturi fondaient l'art tout entier sur la personnalité du peintre et sur son autonomie, — mais les premières toiles cubistes n'étaient même pas signées. Car Berenson voulait que l'art vînt embellir notre vie en nous proposant des modèles admirables, — mais quel homme digne de ce nom voudrait ressembler à une caisse ou à un paquet de tabac gris ? Car Woelfflin réduisait l'art à nous proposer des formes, dignes d'inspirer nos mouvements, — mais les formes des Cubistes se trouvaient lamentablement disloquées, pendaient en morceaux. D'où M. Berenson tirait enfin la conclusion que l'art n'avait plus souci que de désobéir à ses propres lois. Mais il était sensible que l'art, s'il avait quelque souci, c'était de désobéir aux propres lois de M. Berenson. M. Motherwell dit très bien que l'artiste moderne a cherché sa voie dans les échecs des peintres (et des critiques) précédents. Mais le plus curieux, c'est qu'il l'a trouvée. C'est qu'un nouvel espace, qui ne procède pas des conventions picturales (mais qui s'applique à les contrarier), qui ne s'inspire pas d'une idée, ni d'un système (mais semble avoir pour souci principal de ridiculiser les idées, raisons et systèmes en cours), bref cet espace *brut* se trouve former encore un espace : évident, indiscutable. C'est qu'à partir d'une étendue à ce point déroutante, toute une nouvelle peinture était possible : celle-là même, que nous voyons, depuis quarante ans, se développer, et couvrir le monde.

Il y a deux remarques à faire là-dessus, dont l'une a trait à d'autres expériences modernes, mais la seconde à l'expérience éternelle de l'homme de tous les temps.

Qui ne songerait en effet à des révolutions voisines ? La Métaphysique semble bien avoir consisté jusqu'à nos jours dans un effort par lequcl le philosophc, d'abord retranché du monde et le voyant de haut, forge des objets de ce monde divers équivalents abstraits, — essences, substances, formes et autres idées (telles qu'étaient pour les peintres la ronde-bosse et la perspective), — puis tente de le réduire à ces abstractions et redescend l'occuper en force. Mais une métaphysique moderne, — fière, elle aussi, d'être moderne, — s'applique à l'inverse depuis cent ans à nous maintenir dans cette vue brute et spontanée, dans cette communion animale au monde, que trahit le *projet* non-réfléchi, l'*intention* pré-conçue, toutes données que Platon, Aristote ou Descartes laissaient d'abord échapper. James, Husserl, Bergson ou Heidegger, lorsqu'ils soutiennent curieusement qu'il n'y a pas lieu de distinguer entre le mot et la pensée, ou encore que le soleil ou la table ne font qu'un avec mon idée du soleil et de la table, ne disloquent pas moins cruellement nos objets que ne fait la peinture moderne. Et d'eux aussi l'on voudrait dire qu'ils ne s'emploient guère qu'à obscurcir et déformer notre monde habituel.

Ainsi le déforme encore, à sa manière, l'écrivain de nos jours, s'il n'accepte de se fier, avec Rimbaud, qu'à ses visions involontaires ; avec Proust, à ses souvenirs inconscients ; avec Fargue, Breton, Michaux, Lear ou Lewis Carroll à ses non-sens : je veux dire à son propos spontané, parfaitement obscur, et cependant, par on ne sait quelle chance, proche de nous, reconnaissable, et d'où ce monde que l'on croyait détruit se relève et se recompose, plus réel et présent, plus immédiat qu'il ne le fut jamais, — et nous-même non moins réel que lui, ni moins présent : tout prêt enfin à risquer dans l'audace, la pureté, la passion, la consécration, — bref, dans l'éthique, — la vie plus intense qui nous est soudain conférée.

Les mystiques ont toujours prétendu qu'il appartenait à l'ascétisme et à la mortification, — à la purge, disent-ils encore, — de nous mener jusqu'au seuil de la réalité par exemple, ultime, divine, dont nous avons soudain la révélation. Ainsi du peintre moderne s'il a su purger à temps perspective et ressemblance.

On s'est demandé plus haut ce que nous attendions aujourd'hui de l'art. Mais la réponse est simple : tout ce qu'en d'autres temps nous attendions de la religion. Et des peintres, qu'ils soient des Saints.

Peinture sacrée

D'un réveil pictural

La plupart des gens, — et pourtant il y en a ! — qui vivent à l'heure actuelle, sont beaucoup trop jeunes pour savoir ce qui s'est passé dans la Peinture entre l'année 1905 et l'année 1913. C'est tout au plus s'ils peuvent l'imaginer faiblement, sur les documents qui nous restent de ces curieux temps disparus.

D'ailleurs il semble que personne, à l'époque, n'ait été capable de comprendre à la fois tout ce qui se passait, et les documents se contredisent. D'après les plus sûrs d'entre eux on peut admettre, d'un côté, que les jeunes peintres avaient enfin compris, après un siècle d'anxiété, ce que c'était que la peinture : ce que ça voulait dire, à quoi ça servait. En fait il s'agissait d'une découverte grave et passionnante, et bien faite pour changer la vie. (Et l'on s'apercevait du même coup que les tableaux anciens, et les statues, ne méritaient décidément pas qu'on les prît au sérieux.)

Il s'agissait d'une découverte passionnante, mais de

toute évidence difficile à expliquer, — qui ne passait pas dans les commentaires et les théories ; qui ne figurerait jamais dans les journaux, ni même dans les lettres. Non. Il fallait y prendre part. Il fallait être là. Là, en fait, ç'aurait pu être aussi bien à Rome (où Marinetti, avec Boccioni, démolissaient en cachette un vieux musée, à la vérité peu fréquenté) qu'à Berlin, ou encore à Moscou, où Malevich et Gontcharova dévalaient dans les rues avec la figure peinte — avec une figure-tableau. (Mais un peu plus tard, il vint des dictateurs, qui firent tout rentrer dans l'ordre.) Et somme toute, *là* c'était Paris, — le Paris de Braque et de Picasso, d'Apollinaire et d'Archipenko. Donc, le jeune Lapon ou l'Argentin se réveillait un beau matin avec une émotion bizarre : il sentait que sa vie jusque-là n'avait pas voulu dire grand-chose et qu'il était temps pour lui de connaître la vérité. Alors il vendait la maison de famille, organisait entre les voisins une souscription à son profit et puis accourait à Montmartre où il n'avait désormais d'autre souci que de discuter peinture dans les cafés jusqu'à des sept heures du matin avec d'autres Péruviens ou Lapons. Et dans la journée, de couvrir sa toile ou son papier, de signes baroques, dont le concierge et les gens de la rue ne voyaient pas très bien le sens. C'est ce qu'on ne lui disait guère, pour ne pas lui faire de chagrin.

On ne le lui disait guère, mais on n'en pensait pas moins. On en causait, dans le café d'abord (les autres consommateurs) et dans la rue. Lorsqu'il y a eu des expositions, c'est venu jusqu'aux journaux (mais dans les faits divers et les échos, avant de figurer à la rubrique des *Arts*) et aux Assemblées délibérantes comme le Conseil Municipal, la Chambre ou le Sénat, qui sont des sortes de cafés supérieurs, des cafés pour personnages choisis. Ces personnages choisis écrivaient aux Autorités des lettres, ou tenaient en public des propos, bien étranges, et qui les relit aujourd'hui n'en croit pas ses yeux.

Car ils auraient pu dire simplement que les jeunes peintres étaient des crétins qui ne savaient pas peindre, qui ne savaient même pas dessiner, qui cassaient la tête à tout le monde avec leurs barbouillages, et qu'un âne avec sa queue en aurait fait tout autant. (En fait, un âne se vit en effet chargé par un jeune écrivain d'alors, Roland Dorgelès, d'en faire autant : et le tableau qui s'en suivit eut grand succès dans la presse.) Ils auraient pu dire encore qu'on avait affaire à des métèques et à des gens immoraux, à des ennemis de la civilisation et de l'art français. Ils ne s'en privaient pas. Ils disaient tout cela, qui faisait le thème commun entre autres des articles de Camille Mauclair, des propos de Maurice Denis ou de Forain, — tous esprits fins cependant, et même avancés. Ils disaient autre chose encore, de plus étonnant.

Ils plaignaient la nature. À leur avis, les peintres modernes infligeaient aux montagnes et aux nuages, aux chiens, à la figure humaine un outrage immérité dont figures, chiens et le reste mettraient longtemps à se relever. Et que vont devenir, disait le conseiller Lampué, nos écrivains, nos hommes de science ? Ou le député Breton : « Je me demande, en sortant de leurs expositions, si j'ai encore la tête et les mains à leur place. » Et le critique d'art Gabriel Mourey : « Comment nos forêts et nos champs pourraient-ils laver jamais une pareille offense ? » Il y avait là de l'effroi, plus encore que de la moquerie ou du dédain : une sorte d'effroi sacré.

Bref l'aventure cubiste offrait tous les traits d'un réveil religieux. D'un réveil religieux, avec ses partisans enthousiastes, qui savent enfin ce qu'est Dieu, ce que signifie le monde : et un jeune ouvrier dans un bistrot, brusquement se lève et se met à danser et à chanter dans une langue, que personne ne comprend. Avec ses adversaires aussi, qui voient très clairement que Dieu, et le monde entier vont être fortement compromis dans l'aventure : qu'on ne sait pas trop comment ils en réchapperont, s'ils en réchappent.

Mais il faut y regarder de plus près.

CHAPITRE I

DÉTAIL DU CHOC

Est-ce très étonnant, ce réveil religieux qui prend la forme du tableau ou de la statue, et pour initiateurs des peintres ? Mais non. L'art a eu de tout temps partie liée avec la religion. Aux dieux et déesses antiques succède à point nommé le peuple chrétien des Christs et des Vierges. Ce renouvellement du personnel se fait très régulièrement, comme s'il avait été réglé d'avance. Que de Résurrections et d'Ascensions, que de Saints et de Saintes et d'anges perchés dans tous les coins ! Plus tard, que de Libertés, de Sérénités, de Justices ! Et je ne dis rien des grands capitaines et des Ministres, toujours prêts à se prendre pour des Dieux. Or les arts extrême-orientaux et les primitifs ne sont pas en reste sur les nôtres de déités et de diables, l'homme lui-même n'y figure qu'une incarnation passagère de la divinité. L'on sait, depuis Plotin et Michel-Ange qu'il n'est pas d'art authentique, qui n'exprime une religion, ni de peinture qui ne soit dévote.

Mais la peinture moderne brise avec tant d'évocations ou d'idéaux, et le plus exact qu'il en faille dire est qu'elle cesse de représenter le sacré pour l'être. D'où suivent diverses conséquences. Entre autres, celle-ci :

C'est qu'il fallait jusque-là, pour comprendre la peinture, s'y connaître en sacré. Au Canaque, tout éberlué devant un Raphaël, le guide bienveillant n'avait que la ressource d'expliquer *qui* étaient le Christ et la Vierge et les apôtres. Ensuite, tout devenait clair.

Or la situation s'est renversée. Nous ne savons plus très bien ce que peut être le Sacré. Cependant, les tableaux modernes sont devant nos yeux. Il nous est donné de les parcourir, de les monter et de les démonter. Et peut-être, en y mettant de la patience, serons-nous ainsi conduits à quelque découverte.

Bref, le divin de tout temps nous renseignait sur la peinture. Mais c'est aujourd'hui la peinture qui pourrait bien nous renseigner sur le divin.

I. L'assassinat des apparences

Les historiens et les critiques disent volontiers, pour caractériser l'art moderne, qu'il procède par choc, — au lieu d'user de séduction, comme faisait l'ancienne peinture. De ce choc, on vient de voir le premier aspect, et le plus frappant : c'est que la peinture désormais rompt toutes relations avec les dieux et les déités, avec les grands personnages et les couchers de soleil. Tout ce fatras lui paraît soudain privé de sens : privé, en tout cas, de réalité. On a retiré les étais, on a enlevé les appuis. Chacun voit soudain qu'il n'y avait rien par-derrière. Il se fait dans l'espace le grand tumulte des décors qui s'effondrent.

Ce serait peu : il semble que s'en aille en même temps tout ce qu'on appelait jusque-là réflexion, idéal, noblesse et qu'avec les Dieux et les héros et les couchers de soleil s'évanouissent le courage et le respect, la révérence et les nobles idées morales, qui les maintenaient debout. Il est une toile de Miró qui s'appelle « assassinat de la peinture ». Mais ce n'est pas la peinture seule, dans l'affaire, qui se voit assassinée. Il ne suffit pas aux peintres modernes d'être anti-peintres : anti-photographes du même coup, comme il va de soi. Mais encore anti-littérateurs, anti-moralistes, anti-penseurs. Il semble que toute apparence, et toute réflexion aussi bien, se voient par eux privées de vérité. Que reste-t-il ? « Le néant » disait (précisément) un peintre moderne, Vlaminck[1]. Et que dire du néant ? En tout cas, rien de ce que les sages critiques d'art avaient coutume de dire jusque-là des tableaux. Il ne pouvait plus être question de valeurs affectives (comme la tendresse ou la sympathie) ni de valeurs actives (comme le mouvement, l'énergie, la puissance) ni même de valeurs intellectuelles (comme l'honneur, l'autorité, la foi et le reste). Non. Il ne s'agissait même plus du sens de la couleur, des formes ouvertes ou closes, du rapport qui unit la tache à la ligne. Il ne s'agissait plus de beauté. M. Wölfflin était renvoyé chez lui ; renvoyés aussi, MM. Hourticq et Berenson. Ils n'en revenaient pas. S'il arrivait encore que l'on songeât devant Miró à la fantaisie, devant Braque à la sérénité, devant Picasso à la violence, il était aussitôt sensible qu'il ne fallait voir là que des qualités d'aventure, la raison des tableaux était ailleurs. Pas plus qu'ils n'étaient faits de pensées, ils ne prêtaient à penser. Et que leur restait-il ?

1. Il ne le disait pas de ses propres tableaux (d'autres étaient là pour le dire), mais plutôt des premières œuvres cubistes.

II. La faille et le défaut

Ce sont encore des objets familiers que nous offrent les premières toiles et les papiers-collés des cubistes. On y voit une mandoline avec un jeu de cartes, un quignon de pain, un tiroir de table, un paquet de tabac. Cela va parfois (rarement) jusqu'à l'atelier du peintre. Ici deux remarques s'imposent.

Voici la première : c'est qu'il s'agir en tout cas d'objets à portée de la main ; d'objets que nous avons moins coutume de contempler ou simplement de regarder, — comme une forêt ou une montagne, — que de manier, de tripoter, de tourner et retourner en tous sens. Des objets qui ne prêtent, par suite, pas à la moindre rêverie : privés de tout vague et de tout ronronnement — privés, si l'on aime mieux, de poésie. Des objets élémentaires, primordiaux : comme une unité de mesure comme un *élément* (comme la terre, l'eau, le ciel). Doués de ce que Pavese appelle « l'immédiateté adorée ». Mais nous les connaissons pour ce qu'ils sont. Des objets qui ne trichent pas. Ils sont présents, c'est tout.

Voici la seconde : c'est qu'en aucun cas ces objets, nous avons beau les tenir sous la main, ne s'offrent à nous complets, ni parfaits. Il faut nous contenter d'un angle, d'un coin, d'un morceau. De sorte qu'il y a lieu de douter parfois si nous avons à faire au coin de table ou au quignon de pain. Et même les plus évidents ne vont pas sans quelque faille ou fente, qui les rende méconnaissables. Les autres, on dirait volontiers de ces signes cabalistiques, que tracent les vagabonds sur les portes des riches propriétés.

C'est ce caractère d'énigme qui va dans la suite aller en s'accentuant. Les surréalistes projettent hors d'elles-mêmes les formes étirées d'un arbre ou d'un sein. La rencontre inattendue d'objets disparates, — tête de poisson, moulin à café, clair de lune, — forme un monstre singulier qui se fait voir et soudain disparaît par enchantement. Que nous montre une toile abstraite ? Corridors sans issue, miroitements sans miroirs, stalactites sans grotte, toiles d'araignée, coulées de lave, paraphes, plages tournantes, tout se passe comme si les tableaux étaient faits désormais pour n'être pas reconnus : pour demeurer secrets.

Le dernier trait est plus difficile. Il se rapporte moins encore aux tableaux, qu'à nos relations avec eux : à notre façon de les évaluer, de les apprécier, de nous tenir en leur présence.

III. Le peintre authentique

On se demandait, devant les anciens tableaux, s'ils étaient beaux ou laids, plaisants ou déplaisants, bien ou mal composés, ainsi de suite. Voilà qui a changé, avec le reste. À présent l'on se demande plutôt si le peintre a été honnête, s'il est pur, s'il est authentique, — s'il n'aurait pas cherché d'aventure à *se montrer* plaisant ou gracieux. Bref ce qu'on observait jadis dans un tableau, c'est un objet. C'est aujourd'hui une opération. Et quelle opération ?

Les toiles modernes sont introduites dans le monde de la peinture par des tableaux, où Braque et Picasso mélangent à leurs couleurs du sable et des bouchons, de la cendre, des clous et des cartes de visite. Un peu plus tard apparaissent les papiers-collés, où quelques simples traits de fusain réunissent l'un à l'autre le bout d'étoffe et le débris d'écorce, l'étiquette de rhum et le galon de tapisserie. Or ce papier-collé, qui tantôt se suffit à soi-même, et tantôt sert d'ébauche au tableau à venir, s'étend et s'impose, jusqu'à devenir le substitut de l'ancien dessin. Il s'appelle avec Max Ernst, vers 1920, le *collage* ; avec Jean Dubuffet dès 1950, l'*empreinte*, — tantôt usant pour éléments de vignettes de catalogues et d'images romantiques bizarrement confondues, tantôt de fragments de vieux dessins du peintre et d'ébauches délaissées.

D'un mot, la démarche en question offre les traits d'une transmutation. Il s'agit pour le peintre de faire un tableau sans user des matières préparées à l'intention du tableau, — des matières si l'on peut dire qui sont déjà des idées de tableau : couleurs à l'huile, gouache, crayon, térébenthine et le reste. Il s'agit du moins qu'il en use le plus tard possible, après avoir bien marqué qu'il eût pu s'en passer. Après quoi, libre à lui d'évoquer le paquet de tabac, le tiroir de table ou le chevalet.

Bref il y avait dans le tableau une faille, un défaut, un élément anti-pictural. Il s'y trouvait aussi, plus ou moins clairement présenté, un objet précis. Seulement par l'effet de l'opération du peintre, c'est l'élément anti-pictural qui devenait l'occasion de la peinture, la faille qui permettait l'objet, — l'élément caché qui justifiait l'apparence.

Nous sommes-nous égarés ? Mais non. Les savants, — en fait, les sociologues, — à qui l'on a confié de nos jours le soin d'étudier le Sacré, de le mettre à notre portée, — ont coutume d'y distinguer trois ou quatre traits propres à le caractériser, dont le premier serait la *différence* d'avec le profane, le second l'*ambiguïté*, le troisième le *secret*, — à quoi ceux des savants qui sont aussi croyants ont coutume d'ajouter la *dépendance* ; ajoutez, qui est l'aspect de cette dépendance, certain ton tranchant décisif. Or ce sont là les traits mêmes qui nous ont paru caractériser les tableaux modernes : soit leur dissemblance à la fois d'avec les tableaux classiques et d'avec le monde visible ; puis la présence, en chacun d'eux, d'un élément défaillant et mystérieux ; enfin, la dépendance par quoi le monde nouveau qu'ils nous proposent procède de cet élément secret. Pour l'ambiguïté, on l'a constaté de reste, s'il est vrai que les mêmes tableaux jettent certains de leurs spectateurs dans l'effroi et la gêne, — mais les autres, dans le ravissement et la révélation.

Ici pourtant un scrupule nous peut arrêter. Je le dirai brièvement.

CHAPITRE II

ANALOGIES

On peut se demander si le premier trait du Sacré, tel que nous l'éprouvons, n'est pas l'unité, la simplicité, — une simplicité telle que la méthode qui commence par en diviser les effets et la nature, serait fausse dans son principe. Du moins nous faudra-t-il ne jamais perdre de vue cette unité et la rétablir, chaque fois qu'il sera possible. Mais le scrupule peut prendre une forme plus précise.

De quelque manière qu'elle s'y prenne, une enquête savante sur ce point ne peut éviter qu'elle ne se demande pourquoi tels ou tels événements nous donnent, — que nous en ayons ou non conscience, — une émotion sacrée. Si l'on préfère, en suite de quelles circonstances nous imaginons le sacré.

Soit. Pourtant ici encore prenons garde. Il fait partie, tout au contraire du sacré, — c'en est même sans doute le trait le plus frappant, — qu'il s'impose à nous du dehors, loin que nous l'ayons inventé. En sorte que la démarche même par quoi nous l'approchons risque de le déformer. Le sociologue se demande comment l'homme a pu inventer Dieu. Mais le croyant, fût-il sociologue, se demande plutôt comment Dieu a bien pu inventer l'homme. Étrange difficulté, et je ne sais s'il nous sera possible de la résoudre, ou même de l'esquiver. Du moins ne la négligeons pas.

I. De la révélation mystique

Qui cherche dans l'observation commune quelque événement analogue au réveil dont il a été question plus haut, et se demande : « Quand suis-je en état d'art moderne ? » trouve trois sortes d'expériences, dont la première est religieuse, la seconde métaphysique, la dernière tout à fait vulgaire et pratique. Je les examinerai l'une après l'autre.

C'est le trait dominant de la révélation religieuse, c'en est aussi le trait de premier abord le plus frappant, d'après le témoignage de tous les mystiques, qu'elle se marque d'abord par la négation et par le refus : refus des honneurs, de la richesse et de la gloire ; refus des beaux vêtements et des beaux corps ; plus loin, refus des sensations et de l'esprit même, trop prompt à nous révéler la valeur de la beauté, de la gloire ou de la richesse. Que la connaissance mystique soit caractérisée par le détachement des apparences, que le non-savoir y succède au savoir, et les opérations de l'intelligence s'y voient suspendues, tel est le propos commun de Plotin et de saint Augustin, plus précisément encore celui de sainte Thérèse et de saint Jean de la Croix. Le P. Olier observe qu'en ce premier état mystique la Divinité « trouble, dessèche, renverse, aveugle l'homme ». De quoi Maître Eckart propose une explication : c'est que l'âme y suit de son poste un mouvement inverse de celui de Dieu, de qui découlent par émanations successives les personnes divines, puis le monde avec ses créatures. Mais l'âme au contraire abandonne d'abord ces créatures et puis tout ce qui se rapporte à la terre ; elle meurt à soi-même et au monde pour se dilater jusqu'à la béatitude divine.

C'est le monde entier avec ses lumières flatteuses qui nous est retiré d'un coup. Que reste-t-il ? Jusque dans les objets les plus familiers, le vide, la faille et le défaut, la confusion et la nuit : ce qu'aucun œil, disait saint Paul, ne peut clairement voir. Car il est un point encore sur lequel s'accordent les mystiques : c'est que l'homme se rapproche de Dieu à travers l'indéfini mieux qu'à travers le distinct ; c'est qu'il le pressent dans l'étonnement mieux que dans le calme ; dans l'horreur et l'effroi mieux que dans la sérénité. La faille, le vide ou le défaut nous acheminent vers Lui et (comme il arrivait en peinture moderne) nous le révèlent. C'est là ce que témoignent assez clairement les dieux égyptiens à tête de renard, les bienheureux seigneurs bouddhiques à la gueule ornée de défenses, les démons chinois aux seins arborescents, dans le livre de Job les absurdes manières du buffle et du crocodile, les grylles de l'art chrétien avec ses têtes à jambes, ses corps revêtus de dents, ses chairs enflammées ou fourmillant de vers : toutes les baroqueries du Dieu vivant, mais la transe et le frisson de ses sujets.

Cependant il est un dernier stade de l'opération mystique : c'est celui où l'âme confondue à Dieu dans une union paisible se voit rendre le monde, dont elle s'était privée. Les fleurs pour elle redeviennent brillantes, les animaux tendres et patients. C'est alors que le mystique en état théopathique se fait industriel et commerçant, fonde et administre des communautés.

II. Une métaphysique expérimentale

Les Hindous, puis les Chinois et les Japonais ont pratiqué, en marge du bouddhisme, une sorte de culte métaphysique, le Zen. Voici ce qu'est le Zen : il arrive à l'élève patient, qui étudie la philosophie, de s'apercevoir, après huit mois ou huit ans d'études, que son maître ne lui a pas tout dit, et qu'il est plus éloigné que jamais de la vérité qu'il recherche. On dirait qu'« il a perdu l'esprit de tous les jours[1] », cet esprit qui consiste à s'endormir quand on a sommeil, à manger si l'on a faim. Mais lui ne peut s'endormir sans *s'apercevoir* qu'il s'endort, ni manger sans *remarquer* qu'il mange. Ni tirer à l'arc sans *se voir* tirer à l'arc. Bref, il est atteint de conscience. La réflexion colle à lui comme un vêtement mouillé. C'est là une maladie dont les conséquences sont infinies. Car il cesse aussitôt de se connaître, à proposition même qu'il se

1. Ma-Tsou.

connaît. Il s'échappe à lui-même à tout moment. Or il s'agit d'une maladie commune.

Valéry vit un jour un homme qui nourrissait des pigeons. Cependant un second promeneur regardait le premier et du même coup s'observait lui-même tandis qu'il le regardait, — étant ainsi témoin du second degré, du degré suprême (ajoute Valéry) puisqu'on ne peut imaginer quelqu'un qui voie, plus loin, ce que voit celui qui voit celui qui voit les pigeons. Ici Valéry se réjouit d'être arrivé « à l'extrémité de son esprit[1] ». Et il aurait certes mille fois raisons de se réjouir s'il tenait en effet sous son regard l'esprit tout entier. Mais il n'en est rien : et il faut bien, observent les zénistes, qu'il garde « quelque embarras dans la tête ». Car Valéry a un lecteur qui a son tour se représente ce que voit celui qui voit celui qui voit les pigeons. Or Valéry est capable à son tour d'imaginer ce lecteur. Or j'imagine, moi aussi, Valéry tandis qu'il imagine ce lecteur. Or Valéry... Ainsi sans fin. Qui se flatterait ici, en toute connaissance de cause, d'être parvenu à la fin de l'esprit ? Les Hindous ont de tout temps soutenu que l'introspection est impossible. Car si notre âme peut être connue, c'est donc qu'il existe une seconde âme pour la connaître, mais une troisième pour connaître la seconde, une quatrième pour la troisième, ainsi de suite. Zénon, Herbart ont tenu le même raisonnement, et fait la même démonstration. Ainsi s'évanouit l'esprit, à mesure qu'on pense le saisir.

1. *Nouveaux Rhumbs.*

Cependant le monde extérieur n'en vaut pas mieux, car c'est par l'esprit que nous le connaissons. (Nous ne le connaissons pas sans passer par l'esprit — où se pose la même difficulté.) Car le tireur à l'arc a sans doute lancé la flèche, et la flèche a quitté la corde, mais elle ne vole pas vers la cible. Où est-elle, personne n'en sait rien. Au moins sait-on qu'elle n'est pas à la place où elle paraît être puisqu'elle l'a déjà quittée, ni à la place où elle va être, puisqu'elle n'y est pas encore[1].

Est-ce là une pensée difficile, et réservée aux seuls philosophes ? Mais non. Tout homme de la rue, on l'a remarqué mille fois, a le sentiment, sinon la pensée distincte, de l'infini. Et d'où le tiendrait-il sinon d'une expérience commune, par laquelle a passé (plus ou moins anxieusement) chacun de nous ? Il s'agit d'une inquiétude courante et populaire. Simplement faut-il admettre que certaine étude intellectuelle est propre à l'exaspérer. De quoi chacun se console ou s'apaise à sa façon. Ou se guérit, s'il le peut. Or le Zen se propose justement comme étant le remède qui reconduit l'élève anxieux dans cet état d'enfance où tout à la fois il pense et ne pense pas (ou, s'il pense, c'est comme la pluie qui tombe et les vagues qui déferlent). Le remède ne va pas sans mystère.

« Quel est donc, demande l'élève Ting, l'ultime principe du bouddhisme ? » Aussitôt le maître descend de son siège, et le gifle à tour de bras : après un

1. Cf. Suzuki : introduction au *Zen dans le tir à l'arc*.

instant, Ting s'éveille à la vérité. Iun-Men, ayant frappé trois fois à la porte de son maître Mou-Tcheou, voit la porte enfin s'ouvrir : « Parle ! » crie le maître. Iun-Men ayant hésité, Mou-Tcheou le repousse si violemment que Iun-Men a la jambe brisée. C'est ainsi que Iun-Men se voit éveillé à la connaissance qui le paie, et bien au-delà, de la perte de sa jambe. Un son inarticulé y suffit, une remarque énigmatique.

« Comment nous libérer, demande l'élève, de la servitude des aliments ? — Nous mangeons », réplique le maître. « Quel est le principe qui surpasse la sagesse du Bouddha » demande un moine. À quoi Mou-Tcheou, brandissant son bâton : « J'appelle ceci un bâton, et vous comment l'appelez-vous ? »

Aussitôt le moine connaît l'illumination. C'est une nouvelle naissance, où l'homme ayant ouvert le « troisième œil » boit directement à la source de vie et voit tous les objets du monde « comme s'ils étaient recouverts d'une étoffe neuve[1] ».

III. Non, je ne rêve pas

Il serait absurde d'attendre de l'opinion commune et de la vie de tous les jours, qu'elles nous révèlent un tout cohérent de doctrine ou d'expérience de l'ordre du Zen, de la révélation mystique (ou de la peinture moderne). Les événements qui s'y passent ne font pas

1. Cf. Suzuki : *Essais sur le bouddhisme zen*.

corps, se dispersent en tous sens, donnent enfin le vif sentiment du n'importe quoi. Ce qui nous intéresse ne peut s'y révéler, s'il s'y révèle, que par fragments. Pourtant ces fragments sont, chacun à part soi, si frappants et d'ailleurs si reconnaissables (et peut-être si mystérieux), tantôt relevant du langage et tantôt de l'expérience intime, qu'on ne peut guère en admettre l'ensemble que si l'on admet aussi qu'ils relèvent sinon d'une opinion ou doctrine, d'un événement secret, celui-là même que nous poursuivons. Secret, mais exceptionnellement précis et consistant. Je les citerai au hasard, comme ils me viennent.

Il s'agit d'abord d'un argument, qui revient fréquemment dans nos discussions. J'en donnerai l'exemple le plus vulgaire. Qui démontre, — ou tente de démontrer, — sur telles et telles raisons, qu'il serait souhaitable et même possible d'introduire plus de justice dans les rapports sociaux, s'entend souvent répondre : « Il y a toujours eu des pauvres et des riches ; *c'est un fait* » ou : « il y aura toujours des travailleurs et des paresseux, *le fait est là* ». Ou encore : « *Les faits sont les faits,* l'homme est égoïste par nature. » Or la réplique est faite sur un ton décisif — faut-il dire *sacré* ? en tout cas *différent*, indiscutable, tranchant sur le ton habituel de la discussion. Il semble qu'avec lui l'on échappe au règne des opinions. « Je n'y suis pour rien, donne à entendre le disputeur. Ce n'est pas là ma façon particulière de voir, mais la seule réalité. » Du même coup l'on se trouve échapper au règne des raisons, à peine est-il possible de l'appeler encore *argument* s'il porte ce sens sous-entendu : assez de raisonnements, assez d'arguties et de ratiocinations, — assez de pensées ! Passons aux faits. On entend dire, dans le même sens : « Assez de mots, venons-en aux choses. » Ou bien : « Séparez la paille des mots du grain des choses... » Ainsi de l'écrivain qui tranche : « Assez de littérature ! » ou le peintre : « Assez de peinture ! » Et tous deux : « Il faut en finir avec l'art ! »

C'est à quoi il serait facile de répliquer : « Mais ce sont encore des mots, et de la littérature ! Mais c'est encore une sorte de raisonnement que... » Mais je ne cherche pas à répliquer au sens commun. Non, pas plus qu'au maître du Zen ou au mystique. Je constate une démarche, bizarre peut-être mais commune ; commune et, faut-il bien penser, efficace, qui a fait ses preuves et les refait tous les jours. Au surplus, il arrive que le même argument soit, en d'autres circonstances, moins exprimé que *joué*.

Il vient de nous arriver quelque événement, ou nous recevons une nouvelle, à tel point inattendue, — et soit agréable ou désagréable, que nous doutons un instant qu'ils soient vrais, et que le monde dont ils font partie soit tel que nous le voyons. Nous n'en croyons plus nos yeux (ni nos oreilles, ni notre esprit) et le monde environnant avec ses lignes et ses couleurs, et notre corps même, et ce petit bout de papier que nous tenons à la main nous paraissent soudain vidés de sens, privés de vérité. Ce sont nos idées les mieux établies qui brusquement nous paraissent vaines et sans fondement. C'est tout notre univers qui s'effondre. Nous voici tout d'un coup transformés (disent les médecins) en douteurs. Nos proches mêmes, notre mère ou nos enfants nous semblent de simples idées (pas mal baroques) que nous venons de former. Et nous retranchés, on dirait pour toujours, du monde, privés de contact, privés des choses, soumis à nos seuls mirages, enfermés dans cette prison avec sur les murs ces figures bizarres. Ainsi le soldat lancé à l'attaque et qui se voit soudain avancer entre des morts, — ceux qui restent des attaques précédentes, — n'en croit pas ses yeux et se demande (sans pourtant s'arrêter) dans quel cauchemar il avance.

C'est à quoi il n'est qu'un remède. Il semble que nous le connaissions d'instinct. En tout cas nous l'employons sans tarder. Pour revenir dans la réalité nous nous cognons à la table ou nous tordons le doigt ou nous pinçons le nez. « Non, disons-nous, ce n'est pas un rêve. » Ainsi le soldat se baisse et serre entre ses doigts les doigts d'un cadavre ou le heurte du pied. (Diogène, lui aussi, quand Zénon a épuisé les arguments par lesquels il démontre que le mouvement n'est qu'une illusion, simplement se lève et se met à marcher.)

Que pense-t-il prouver ? Je ne sais ce que vaut le procédé, je veux dire en bonne logique. Pas grand-chose, sans doute. Mais plus absurde est-il et plus il me comble. Car enfin de l'expérience du Zen non plus, ni de la révélation mystique, il ne s'agit qu'elles relèvent des lois de la logique. Il nous suffit bien, à notre étonnement, qu'elles soient efficaces, si par l'effet du choc qu'elles nous donnent le monde nous est rendu, — le monde réel avec ses lumières et aussi sa confusion, avec ses personnages curieux ou banaux, et ses objets bien découpés, et sur ce monde une étoffe neuve répandue (comme s'il venait à peine d'être fait, comme s'il sortait à l'instant de sa chrysalide).

Mais il est mille cas, absurdes d'apparence, où nous soupçonnerons désormais la présence d'un tel argument, — d'une telle réplique. « À présent, tu sauras pourquoi tu pleures ! » dit la mère à sa petite fille qui pleurniche, en lui envoyant une bonne gifle. Il faut entendre sans doute : tu vas sortir de ta rêverie, tu verras les choses telles qu'elles sont. Et cet assassin à son juge : « Je mâchais et je remâchais mon malheur. Quand j'ai retrouvé dans un tiroir mon revolver, j'ai senti que je rentrais dans la réalité. »

Nous sommes-nous éloignés des tableaux ? Pas tant qu'il le semble, si dans l'expérience mystique comme dans le Zen ou dans la rêverie du douteur, il arrive que nous observions dans l'opération du peintre moderne : c'est que la faille ou le défaut, l'absurdité apparente ou l'insignifiance d'un doigt pincé, d'un nez tordu, d'une glace brisée, nous viennent garantir le soleil et les montagnes et les lumières de la rue. Et l'indéfinissable ou l'absurde y sont la caution du précis et du défini.

Aussi bien est-ce un nouveau caractère du sacré qui peut ainsi nous apparaître. C'est un caractère si évident qu'à l'ordinaire à peine le mentionne-t-on. Pourtant il peut bien sembler qu'il commande tous les autres et que différence, secret ou dépendance n'en sont que les détails. Est sacré ce que l'homme n'accepte en aucun cas de mettre en discussion, à quoi chacun voue le meilleur de lui-même. Mais quoi ! Si la condition de l'homme est telle que tout ce dont il dispose et qu'il touche et qu'il voit risque à tout moment de lui être enlevé, comment ne sacrerait-il pas l'opération, si baroque soit-elle, qui les lui rend. Il faut revenir à notre peinture.

CHAPITRE III

CLEFS ET COMMENTAIRES

Sur le sens et la valeur générale de l'art, artistes et philosophes s'accordent le plus souvent assez bien. Il semble, à entendre Platon comme Bergson, et Vinci comme Poussin que la peinture (et la sculpture ou les Lettres tout aussi bien) nous donne une vision de la réalité plus directe et plus essentielle : ouvre l'œil de notre cœur, disent les uns, nous éveille à notre âme, disent les autres. Cependant il semble aussi, — c'est un second point, — que cet éveil ait pour effet de nous réconcilier avec le monde ; de nous en faire mieux apprécier le sens, les rythmes, la beauté, et tout aussi bien les aspects étranges ou sensationnels. En suite de quoi, tel critique appelle notre curiosité sur la délectation particulière que nous vaut un tel accord ; tel autre sur la nature des lois de l'Univers qui nous sont ainsi révélées ; tel autre encore sur la portée d'une démarche qui nous montre moins les choses, qu'elle ne nous les donne à voir.

Pourtant, on l'a vu, ce qui frappe d'entrée dans la peinture moderne, ce n'est pas ce qu'elle fait voir, mais plutôt ce qu'elle dissimule : l'extraordinaire détachement qu'elle témoigne à l'égard de Dieu et des grandes lois de l'Univers ; et les laideurs qu'elle me présente, plutôt que les beautés. Bref, loin de me réconcilier il semblerait qu'elle s'efforce sournoisement, par mille voies détournées, de me brouiller avec le monde et ses habitants (et particulièrement, si l'occasion se présente, ses habitantes). Bref, l'effroi sacré dont il était question est toujours là. Malgré l'habitude, malgré les conventions. Il éclate parfois dans les imprécations d'un journaliste, dans l'indignation d'un homme de la rue. Il demeure à notre disposition. Et la situation de l'art moderne se trouve à tout instant telle qu'il y a cinquante ans.

I. Dictons et Proverbes des peintres

Je ne dis pas des peintres théoriciens. Il est trop sensible que leurs efforts pour justifier la peinture, — *leur* peinture, — offrent avec les mêmes défauts des critiques d'art, un certain parti pris, une volonté de conclure en tel ou tel sens, qui les gâte. Au demeurant, silencieux sur l'essentiel. Du secret qui nous a paru inhérent à la peinture moderne (comme à tout événement sacré) ils sont de toute évidence plus proches que le critique ou le simple amateur, — plus proches, et tout embarrassés : frappés de silence. Mais il est d'autres réponses.

Il a de tout temps existé des secrets d'atelier : de ces recettes un peu mystérieuses que le vieux maître sur le point de mourir (ou même plus tôt) confiait à son disciple préféré. Il en existe encore. Ils ont pris la forme de dictons ou de proverbes, assez mystérieux pour pouvoir circuler sans danger d'indiscrétion, — mais d'un mystère du moins qui n'a plus à nous étonner. Ces dictons composent, s'appellent entre eux, forment enfin des familles, qui relèvent de trois thèmes distincts. Dont voici le premier :

Faire au lieu de refaire
Peindre et non dépeindre
Produire plutôt que reproduire

où l'on peut voir simplement la plus sage, la plus banale exigence d'originalité. À quoi bon refaire en art ce qui a déjà été fait ? Voici qui est plus inattendu :

Créer, ne pas recréer.

Il semble, à la faveur du jeu de mots, que ce ne soit pas seulement des apparences nouvelles, mais un effet nouveau que l'on attend de la peinture. Les dictons d'une seconde famille apportent quelque précision :

Assez de spectacles, il nous faut des choses
Ne pas copier la nature, faire comme elle
Constituer un fait pictural.

Ce n'est point seulement ici les apparences de la peinture, mais celles de la nature qui se voient refoulées. Quel est donc le danger qui nous menace ici et là ? Existe-t-il, peut-il même exister un danger *commun* à l'arbre et au dessin de l'arbre, au soleil et à l'image du soleil ? — celui-ci épais, extérieur, présent, celui-là de pure apparence.

Nous connaissons déjà la réponse. Les proverbes d'une dernière classe la viennent confirmer.

Faire des tableaux, devant lesquels on reste sans pensée.
Un tableau accompli : celui qui ne répond pas à notre projet.
Attendre, pour s'emparer d'un objet, qu'il échappe à l'idée qu'on s'en fait.

De ce refus, nous étions déjà avertis. Mais insuffisamment peut-être. Sans doute le choc que nous causait la peinture moderne tenait-il à son refus des mythes, des légendes et des doctrines, — bref, de tout ce que nous appelons noblesse, idéal et le reste. Oui, elle brise avec les réflexions subtiles, mais ce n'est sans doute pas parce qu'elles sont subtiles : c'est parce qu'elles sont réflexions ; avec les doctrines nobles et les idées générales, mais ce n'est pas pour la généralité ou la noblesse : c'est qu'elles sont doctrines, c'est qu'elles sont idées.

Au demeurant, voilà ce qu'on eût pu découvrir par le simple raisonnement. Est-il un autre trait commun à l'arbre et à l'image de l'arbre, à l'homme et au portrait de l'homme, que celui-ci : c'est que nous les appelons et les pensons *homme, arbre, soleil,* l'un aussi bien que l'autre. Mais l'on a eu dix occasions de connaître au passage le danger d'une pensée, contre quoi l'art moderne, à la façon d'un argument courant, élève sa barrière de choses, dit-il, — et encore : de créations naturelles, bref de faits. Et que vaut enfin l'argument, quelle est sa signification, quelle est sa portée et comment se peut-il qu'il nous rende le monde ? Il est temps de se le demander.

II. Au défaut de toute philosophie

Que fait Zénon, se sent-il vaincu ? Mais non. Il triomphe. Il réplique à Diogène : « Je le disais bien, que nous avions l'illusion du mouvement ! » Ainsi du reste. Pincez-vous, tordez-vous le nez, donnez du front contre le mur, ou bien cramponnez-vous à votre table, froissez votre paquet de tabac, serrez dans vos mains le paquet de cartes, — les cartes, le tabac, la table, tous objets que nous proposait la peinture cubiste, — allez jusqu'à vous casser la jambe, qu'avez-vous appris de plus ? Il n'est rien de tout cela qui ne puisse aussi bien se passer en rêve.

Quoi, il n'est rien de cet ordre qui ne puisse *mieux encore* se passer en rêve. Et qu'est-ce qui vous empêche de rêver aussi que vous vous tranchez le doigt, ou vous coupez la tête, ou vous ouvrez la poitrine. Ainsi de vos autres raisons. Loin qu'elles suffisent à trancher toute discussion, elles sont elles-mêmes matière à discussion. Que l'homme soit par nature égoïste, qu'il y ait toujours eu des riches et des pauvres, il se peut, je n'en sais trop rien. Mais de toute manière ce n'est pas là quelque bloc tombé du ciel tout d'une pièce, quelque aérolithe, ce sont, — dès l'instant où vous les exprimez, — des opinions comme les miennes, et des pensées. Si vous renoncez à discuter, dites-le franchement, ne trichez pas. Et pourquoi le doigt froissé d'un cadavre serait-il plus vrai, serait-il mieux présent que ces obus que j'entends miauler, ou cette terre qui m'entoure et vole en éclats ? Vos arguments argumentent en vain, vos preuves contre-prouvent, plus le pincement est fort, et le tableau énigmatique — Vous ne nierez pourtant pas qu'ils exercent leur effet sacré — Sans doute. Mais il faut y regarder de plus près.

On a volontiers reproché aux philosophes, — et bien plus sévèrement encore les philosophes se sont reproché les uns aux autres, — d'avoir été de tout temps incapables de prouver l'existence du monde extérieur : de nous arracher à la pensée envahissante et à l'angoisse qui s'en suit. Il est vrai, et l'on sait de reste que les plus grands eux-mêmes ont pris le parti d'éviter la question : l'esquive s'appelle, suivant le cas, *matérialisme* (fût-il dialectique) ou *réduction* (phénoménologique) ou plus simplement *existentialisme* : c'est faire de ce qui est le plus indémontrable, incompréhensible — l'existence (qui prête le moins à idée générale, à pensée) — la raison de tout le reste. Ou bien encore l'*être dans le monde*. Il est arrivé aussi que l'on se fiât à un Dieu qui n'aurait pas voulu nous tromper. (Mais qu'en sait-on ?) Somme toute les philosophes savent très bien se défiler, sitôt que le sens commun a besoin d'eux.

Ils se défilent, et l'on voit bien pourquoi. Que pourraient-ils faire d'autre ? Et quelle preuve trouver qui ne soit, — précisément, — une preuve, et un argument : qui ne soit faite de mots et d'idées en un certain ordre assemblés, qui ne détruise donc par son existence ce qu'elle affirme. Il y a plus : qui ne le détruise d'autant mieux qu'elle sera plus ingénieuse et subtile, plus convaincante : bref qu'elle offrira plus évidemment à notre défiance les traits essentiels de la pensée.

Soit. Mais poussez plus loin. Que si l'acuité, la diversité, la force convaincante sont éminemment propres à nous tromper, c'est donc à l'inverse la simplicité, la stupidité, la privation qui vont nous convaincre. Faut-il nous étonner encore que le doigt pincé et le nez tordu, les corps déformés, et les visages fanés, l'absurdité d'un lieu commun, l'angle d'un tiroir, le vague profil d'une mandoline, la déchirure d'un corps et la glace cassée ou dans le tableau le liège et la cendre qui n'étaient pas destinés à un tableau, bref le choc et le heurt, fassent du premier coup ce que les idées nobles et les nobles sentiments sont étrangement impuissants à faire : qu'ils soient de nature à nous donner, ou nous rendre foi dans le monde, dignes par là de revêtir le caractère du sacré. Eh, c'est qu'ils n'offrent pas la plus légère allure de pensée, c'est qu'ils ne prêtent pas le moins du monde à réflexion. C'est qu'on ne voit pas du tout comment nous aurions pu les imaginer.

III. Le sacré par nous-mêmes

Personne eût-il imaginé, il y a quelque deux cents ans, dans notre Occident raisonnable et pourri de science, qu'il allait naître une peinture faite, non pas de charmes et de divinités, mais de riens : d'objets non pas achevés ni débrouillés, mais à débrouiller ; non pas organisés mais à organiser, — de données brutes et faites pour choquer la réflexion. Bref, saisis dans leur état problématique et confus, qui n'a de nom dans aucune langue, d'idée dans aucun esprit. On le sait, ce ne sont pas les tableaux seuls qui ont vu de telles apparitions, mais la poésie tout aussi bien et la métaphysique. Simplement la surprise devait être plus sensible dans une peinture qui prenait à tâche de nous montrer ce qu'il est impossible de *voir*. Et nous montrer quoi ? C'est qu'il faut à l'homme, s'il veut connaître et posséder le monde, se priver d'une part du monde ; s'il veut simplement continuer à penser, rendre à l'obscurité, au néant une part de sa pensée. C'est là ce que dit et répète une peinture allégorique et métaphysique et qui nous parle à l'âme, comme les symboles parlent aux yeux.

Quoi, s'agissait-il donc d'une vérité particulièrement difficile ou paradoxale ? Difficile il se peut, s'il est impossible de la *dire* tout entière. Du moins, la plus indiscutable qui soit. Le premier lieu commun de la philosophie sceptique, — et aussi de certaine philosophie religieuse, — porte qu'il est impossible à l'homme de rien prouver. Car toute preuve, si évidente qu'elle nous semble d'abord, exige pourtant d'être elle-même prouvée ; et cette nouvelle preuve à son tour. Et non moins impossible de rien connaître, car chacun des faits que nous observons est l'effet d'une cause particulière, laquelle à son tour se trouve être l'effet d'une cause antérieure, laquelle à son tour... Ainsi de suite à l'infini. Pas plus qu'il n'est de jeu sans conventions, il n'est de morale sans préjugés. Prenez même les préceptes les plus simples : il faut être homme, il faut vivre... Mais faut-il tolérer d'être homme ? Mais faut-il vivre ? (D'excellents esprits en ont douté.) Ici encore tout commence par le préjugé et le parti pris. Et l'on sait aussi qu'une définition parfaite est irréalisable, car les mots qui nous sont donnés ne se trouvent pas plus tôt définis par d'autres mots, que ces nouveaux mots exigent à leur tour d'être définis, — et comment le seraient-ils sinon par d'autres mots qui eux-mêmes... Poussant en ce sens, l'on parvient très vite à des termes, — faut-il les dire parfaitement obscurs, parfaitement clairs ? — *éclairants* en tout cas, et plus évidents que toute définition qu'on en puisse fournir. Dont les philosophes ont couramment donné pour exemples *temps, lumière, homme*. Et bien entendu *être, réalité, Dieu* ? Mais l'on sait de reste quel caractère sacré se trouve prendre en tout cas la preuve première, et la cause des causes.

Or tout se passe comme si la peinture moderne s'était proposé de nous donner à voir d'aussi près qu'il se peut, ce préjugé, cet indéfinissable ou cet improbable, — préjugé, mais d'où procède tout jugement, improbable mais propre à fonder toute preuve, — bref, cette absence, et ce Divin d'avant les Dieux.

« Voilà, dira-t-on, des questions bien générales, et qui passent le domaine de la peinture. » Mais que serait l'art, s'il n'agitait et ne résolvait à sa manière les plus vastes des problèmes ? Simplement semble-t-il qu'avec la peinture moderne ces problèmes se soient trouvés pressés, — résolus, il se peut, — d'un peu plus près. Aussi bien la chose a-t-elle été pressentie, sinon exprimée, de tout temps. Oui, l'art nous donne de nous-mêmes, et du monde, une vue plus intime et véridique. Oui encore, l'art nous réconcilie avec le monde. (Encore faut-il que le monde existe pour que nous puissions nous réconcilier avec lui.)

Ici, nous dira-t-on encore, touchant cette existence : Quoi ! Et que faites-vous d'autre vous-même, depuis quinze pages, qu'aligner à votre tour des arguments et des preuves ? Je veux bien admettre qu'ils se trouvent un peu plus ingénieux que les précédents : ce n'en sont pas moins des idées, suspectes comme toute idée quoi ! d'autant plus suspectes que vous les faites plus ingénieuses. Vous n'en sortirez pas. — Précisément, nous venons peut-être d'en sortir

Les mystiques, les philosophes du Zen, — et d'aventure les peintres modernes, — ont coutume de dire que la Révélation ne peut s'expliquer ni se commenter, — qu'il faut s'y être abandonné et avoir passé par elle. Or que nous est-il arrivé, — sinon qu'à nous aussi il a été donné de passer par une expérience de même ordre.

Car nous nous proposions, à la légère, de connaître le Sacré, j'entends d'expliquer, à la façon des savants, par l'analyse patiente des faits, certains caractères des tableaux modernes : de les réduire à des éléments parfaitement clairs et dont l'enchaînement — la loi — fût parfaitement clair. (Ainsi procède l'enfant qui se demande si sa faute a été découverte par ses parents ; ainsi l'amant qui s'inquiète de la fidélité de sa maîtresse, — et nous sommes tous observateurs et savants à ce compte-là.) Or il s'est bien trouvé dans la suite que nous avons connu le Sacré, d'aussi près sans doute qu'il se puisse connaître. Mais loin que ce fût à la façon que nous attendions, et réduisant son obscurité à des éléments clairs, ç'a été en réduisant tout le reste à son obscurité. Comme si, — le sens même de notre recherche se renversant à point donné, — le clair nous fût devenu obscur, mais l'obscur éclairant, et somme toute, nous avons moins analysé le Sacré que nous ne l'avons joué. Nous avons moins compris le monde que nous ne l'avons été. Frappés de sacré, nous aussi. Nous sommes cet ouvrier anonyme d'un Réveil qui se dresse dans un bistrot et se met brusquement à danser, et chante dans une langue, que personne encore ne comprend tout à fait.

Suites d'un réveil en peinture

Je parlais tout à l'heure de temps disparus, — mais non pas si disparus qu'ils ne revivent à tout instant. Ce n'est pas en 1906, c'est en 1956 que tel peintre abstrait confie tout innocemment au critique d'une grande revue : « Je réinvente le monde dans mes toiles. J'y redéfinis la nature. J'y découvre, enfin ! ma nature profonde. » Sur quoi le sévère critique : « Les toiles en question ? Œuvres extravagantes, incompréhensibles à un public goguenard, relevant d'un art infantile ou acérébral... » Et de citer à l'appui plusieurs bons critiques d'aujourd'hui, d'André Berry à Claude Roger-Marx[1]. Mais on sait de reste par quelles découvertes ou quelles ruses les peintres sont parvenus à maintenir les surprises et les difficultés, — les fêtes, — d'un Premier Temps : inventant le futurisme contre le cubisme, et le surréalisme contre le futurisme, et la peinture abstraite contre le surréalisme, — substituant

1. Cf. Paul Berger, *in Revue des Deux-Mondes*, 15 mars 1956.

aux papiers-collés les collages, puis aux collages les empreintes.

Et qu'adviendra-t-il de la Peinture moderne ? On ne sait. Les tableaux sont chose fragile. Leur chair et leur sang les trahissent : les couleurs, la céruse, la térébenthine ou le vernis ne sont pas des produits de tout repos ; ni les restaurateurs, des hommes sûrs. Leur âme est à la merci d'une révolution, d'un dictateur, d'un nouveau mythe. Il se peut que la peinture moderne disparaisse des galeries et des salons, — de la face de la terre. Et que ses fidèles soient réduits à la contempler dans des grottes et des catacombes. Il se peut aussi qu'elle triomphe et chasse la vieille peinture, la peinture ressemblante, de ses derniers abris : calendriers, portraits de famille, tracts politiques et catalogues de nouveautés. Il se peut. Pourtant le plus vraisemblable est que l'une et l'autre peinture, — celle-ci désormais permettant celle-là, — continueront à vivre de conserve. La Chine et le Japon, qui ont poussé plus loin que tout autre peuple l'art des jardins, révèrent au-dessus des jardins de fleurs, de buissons et d'eaux courantes, certains jardins métaphysiques, faits de terre, de cailloux, d'une petite colline, ou encore, — comme le jardin de Ryoan-ji à Kyoto, — d'une plaine de sable fin de neuf mètres sur vingt-quatre, qui a pour ornements quinze pierres, — encore n'en peut-on jamais voir que quatorze à la fois. Ce sont des pierres banales ; pourtant le jardin, si l'on en croit les critiques japonais « est difficile et ne convient pas aux gens vulgaires, mais donne fortement le sentiment de l'impénétrable et de la vérité ». Il reçoit tous les ans des visiteurs par dizaines de mille.

ŒUVRES DE JEAN PAULHAN

Aux Éditions Gallimard

LA GUÉRISON SÉVÈRE, *récit.*

LE GUERRIER APPLIQUÉ, *récit.*

LES HAINS-TENYS, *essai.*

LES FLEURS DE TARBES OU LA TERREUR DANS LES LETTRES, *essai.*

CLEF DE LA POÉSIE, *essai.*

F.F. OU LE CRITIQUE, *essai.*

ENTRETIEN SUR DES FAITS DIVERS, *essai.*

GUIDE D'UN PETIT VOYAGE EN SUISSE, *récit.*

LES CAUSES CÉLÈBRES, *essai.*

DE LA PAILLE ET DU GRAIN, *essai.*

BRAQUE LE PATRON, *essai.*

L'AVEUGLETTE, *récit.*

L'ART INFORMEL, *essai.*

FAUTRIER L'ENRAGÉ, *essai.*

LES INCERTITUDES DU LANGAGE, *entretiens.*

CORRESPONDANCE AVEC GUILLAUME DE TARDE

LE GUERRIER APPLIQUÉ — PROGRÈS EN AMOUR ASSEZ LENTS — LALIE, *récits.*

CHOIX DE LETTRES

I. 1917-1936

La littérature est une fête.

CORRESPONDANCE AVEC FRANCIS PONGE 1923-1968

I. 1923-1946

II. 1946-1948

CORRESPONDANCE AVEC ANDRÉ SUARÈS 1925-1939

CORRESPONDANCE AVEC GIUSEPPE UNGARETTI 1921-1968

CAHIERS JEAN PAULHAN

Cahier n° 1 : Correspondance Jean Paulhan-Guillaume de Tarde (1904-1920).
Par Jacqueline Paulhan, Gallimard, 1980.

Cahier n° 2 : Jean Paulhan et Madagascar (1908-1910).
Par Jacqueline Paulhan, Gallimard, 1982.

Cahier n° 3 : Cahier du centenaire (1884-1984).
Ouvrage collectif, Gallimard, 1984.

Cahier n° 3 bis : Histoire d'une famille nîmoise : les Paulhan.
Par Christian Liger, Gallimard, 1984.

Cahier n° 4 : Correspondance Jean Paulhan-André Suarès (1925-1940).
Par Yves-Alain Favre, Gallimard, 1987.

Cahier n° 5 : Correspondance Jean Paulhan-Giuseppe Ungaretti (1921-1968).
Par Jacqueline Paulhan, Luciano Rebay et Jean-Charles Vegliante.
Préface de Luciano Rebay, Gallimard, 1989.

En préparation : Cahier n° 6 : Correspondance Caillois-Paulhan.
Correspondance Paulhan – Saint-Hélier
Lettres de Jacques Audiberti à Paulhan.

Reproduit et achevé d'imprimer
par Brodard et Taupin
à La Flèche (Sarthe), le 27 mars 1990.
Dépôt légal : mars 1990.
Numéro d'imprimeur : 1865C-5.

ISBN 2-07-032568-7 / Imprimé en France.

48784